学校とは
「自己」を実現する「舞台」
子どもを主人公とした学校づくりを

後藤竹夫【著】
元青森県立高等学校教諭

合同フォレスト

まえがき――私の「教育実践」３本の柱

教師を退職してから、はやいものでもう10年にもなる。私が初めて担任した卒業生たちもすでに59歳だ。今年もクラス会に呼ばれて、マイカーを飛ばして下北まで行ってきた。青森県の奥津軽である西北地方の中心に位置し、小説『津軽』の太宰治と「立ねぷた」の名で知られた五所川原市から下北半島のむつ市までは、休憩を挟んで車で4時間近くはかかる。さすがにいまでは遠い距離に感じるが、下北は新採用で赴任した思い出の地でもある。ここ数年来、クラス会は毎年実施されるようになり、ホテルを予約してみんなで待っていてくれる。年に1度、最初の教え子たちに会えるのはうれしい限りだ。初めて担任した生徒たちのクラス会に出席すると思えば、心も弾んで気持ちも若返る。長時間の運転がそろそろきつくなる年齢とはなったが、まだまだ運転免許証を返上するほど身体も心もぼけてはいない。

「身体がきかなくなって運転できなくなったら、もうクラス会には来れなくなるなあ」と弱音を吐くと、「そのときにはみんなで先生を迎えに行くから、毎年会いに来てくれなければだめですよ」「先生、いつまでも元気でいてね」と、教え子に力づけられた。つくづく教師であってよかったと喜びを感じる瞬間である。彼らとともに、多くの活動に夢中になって取り組んだ日々が、ついい昨日のことのように懐かしく思い出される。クラスキャンプ、クラス合宿、クラスバス遠足、日刊・週刊の学級新聞発行、卒業記念8ミリ映画「傷だらけの青春」(90分)の制作など、思い出は尽きない。

私の教師生活は、全日制21年、定時制14年、合わせて35年である。その間、高校教師として、またクラス担任として心がけてきた教育実践の柱が、

(1)生徒の内面に迫る生活指導
(2)行事・文化活動を軸にした集団づくり
(3)生き方につながる授業づくり

の3つである。

(1)生徒の内面に迫る生活指導

初めて念願のクラス担任となったとき、「クラスの最初の核は教師である」と考え、HR集団

の発展に役立つものは、何事も主体的に受け止め、腹をくくって取り組むことにした。どんな問題からも逃げずに、腰を据えて、むしろ積極的に問題のなかに飛び込むとき、成功や失敗の結果にかかわらず、不思議にも問題そのものが解決され、クラスも成長していた。それは、行事の取り組みであれ、生徒の非行問題であれ同じであった。自分に能力・技術があるとか、ないとかは、全く問題ではない。何事も生徒とともに、試行錯誤を重ねながら、問題の解決に向かって精一杯努力する、問題生徒に対しても真正面からぶつかることで、生徒の内面に迫る指導ができると確信するからである。

生徒を指導するにあたっては、「生徒をどうとらえるか」は大切なことである。私の生徒観は、先入観にとらわれずに、できるだけ生徒を「内側」からとらえるように努めることである。「内側」とは、生徒と同じ立場に立って、生徒の気持ちに共感しながら生徒をみることである。自分だけ問題の外に立ち、生徒を突き放してただ「外側」から客観視するのではなく、生徒と一緒に汗を流して活動を共にしながら、その活動の流れのなかで生徒をとらえるということである。

それは、「見るものなくして見る」という、仏教的・禅的なとらえ方と言ってもよく、生徒との「一体感」のなかから出てくる生徒観である。生徒「観」というよりは、生徒「感」と言ってもよいであろう。そのためにも、生徒にはいつもホンネで語り、嘘やごまかしは決してせず、教師の願いや要求を生徒に真正面からぶつけてきた。いつも真摯な気持ちを忘れずに、物事に対処する誠実な態度を学んでほしいからである。

実際には、それは口で言うほど容易なことではない。生徒もまた、ただきれいごとを言うだけの教師をすぐ見破るからである。彼らは何度も教師や学校に裏切られ、絶望とあきらめのなかで、捨て鉢な気持ちでいることが多いからだ。生徒の思いに共感し、生徒の心を理解するためには、教師として、学校・教師に対する彼らの固定観念を打破できるほどの人間観や人生観・世界観をもたねばならない。そのためには、教師としてばかりではなく、1人の人間としても、自己の心身を鍛えることが必要となる。教師としての力量を磨くため、自己研鑽に励むことである。

新米教師である私にとっての幸運は、最初に赴任した高校で、教職員組合の教育研究集会や高校生活指導研究協議会などのサークル活動に参加し、教育研究に励む教師たちに出会えたことである。「非行は宝である」という言葉もそうした先輩たちに教えられた。生徒の心に届く指導ができるためには、彼らの心を少しでも理解できるようにならねばと、県教育委員会主催のカウンセリング講座も受講してみた。「あなたの実践は、あなたにしかできないものだ。生活指導とは、誰もができる、科学的法則性に基づく実践でなければだめだ」と、よく先輩から批判されたものだが、人は理論・理詰めだけで動くものでもない。科学的教育理論はもちろん大切だが、最後には理屈を超えた、人間と人間のぶつかり合いも必要になってくる。ときには教師であっても、生徒の前で裸になって、自分の弱さや非力さをさらけ出す「人間臭さ」も大切な要素であると思っている。

個人的には、父が早世したことで中学2年で出家（浄土宗）した関係上、仏教的思想・哲学の影響を強く受けている。また禅の老師との偶然の出会いから、新採用当初から参禅修行を続けることにもなった。私にとっての参禅は、これまでのどんな研修よりも有意義なものであった。私の教育観や生徒観は、多分に仏教や禅の教えに学んだものである。思えば、最初のクラスの壁に貼ったモットーは、哲学者・西田幾多郎の言葉「ものを知るにはこれを愛さなくてはならない。ものを愛するにはこれを知らなくてはならない」であった。教師としての力量があるなしにかかわらず、たとえ未熟ながらも目の前の問題に立ち向かっていけるのは、こうした研修のおかげである。問題生徒に立ち向かうときにはいつも、老師の室内に「独参」する気構えで、勇を奮って取り組んだものである。老師から与えられる「公案」以上の難問を、生徒はいつも突きつけてくるからである。

最後に、HR指導や生活指導にあたって大切なことは、何よりも父母の力を借りることである。生徒の教育の場には、どうしても父母たちの参加が必要であり、実際、彼らの力は何よりもあてになるのである。できるだけ早い段階で家庭訪問や職場訪問などに努め、またHR通信などを発行することでコミュニケーションを図り、信頼関係を構築することを心がけた。父母たちと一緒になって子どもの成長を喜べるような「関係づくり」に努めるようにしたのである。

(2) 行事・文化活動を軸にした集団づくり

HR集団づくりにとって、文化祭などの各種行事がもつ教育的意義は重要である。生徒会などの各種行事の際に、「わがクラスとしてはどう取り組むのか」の活動方針が問われることになる。そのため、生徒の価値観に迫り、質の高い文化を追求すること、させることも大切となる。優れた文化は生徒を成長させることにもなり、その入り口にまず教師が導いてあげるのも大切なことである。

例えば、クラス全員が関われるもの、全員で力を合わせなければ実現できないようなものを「しかける」ことも必要となる。「やる気」のある生徒と「シラケ・反抗」組の双方を、彼らのホンネを引き出しながら、複眼的に指導することも大切である。「自分たちにはできるわけはない」という弱気な生徒たちに、成功や失敗の体験を重ねながらも、困難な課題を乗り越えて大きな目標を達成したときの喜びを、クラスのみんなで共感し合うことによって、自信と誇りをもてる生徒に育ってほしいと願うからだ。

そのため、生徒の力をどこまでも信頼し、忍耐強く待つことも必要になる。行事の取り組みなどは、成功・失敗の結果にかかわらず、取り組みを通して生徒の自治的能力や「学校の主人公」としての力を育てることが目標となる。まず、「やる気」のある生徒をクラスの「核」として育てると同時に、班活動を活用することも大切となる。私の場合は、できればその活動のなかに、問題生徒を巻き込むことによって、彼らの「自立・再生」のスプリングボードになれるように企図することが多かった。以上は、家本芳郎氏（全国教育文化研究所）などの実践に学び、自分なりに工夫しているものである。

いずれにしても、何事にも生徒と一緒になって取り組むことが大切である。ただ自分の力量のなさに思い悩むのではなく、思い切って行動へと「飛躍」し、生徒と一緒にさまざまな試行錯誤を続けるなかで、名案・解決策が飛び出すことにもなるからだ。困難な課題に教師・生徒が一体となって取り組むことで、単調な日常のなかに感動を創造し、また失敗の悔しさや成功の喜びを共有することを通して、生徒同士の連帯を育み、生徒が本来持つ能力や発達の可能性を実感しつつ、生徒の「自己実現」も可能となると考えている。

（3）生き方につながる授業づくり

学習に関しては、「受験至上主義」による昨今の学校現場では、単なる「受験知・学校知」ばかりが求められている。そのために、生徒にとっては、学ぶことの喜びや楽しさを実感できぬま、授業に対する多くの不満や批判の思いを抱いているのが実状であろう（第7章青森県子どもの「声」アンケート委員会報告参照）。生徒の意欲を引き出し、生徒の未来を切り開く「学び」の授業をどうつくるかが大きな課題となる。私の授業実践は、長年の定時制勤務から生まれた苦肉の策とも言える「記号づけ」によるプリント学習と英語の歌を中心とする授業づくりである。「楽しい」授業をどうつくるかを目標に、ビートルズのロックから石川さゆりの演歌まで、英語で歌う実践に取り組んだ。「考える」授業をつくるためには、毎回「記号づけ」によるプリント教材を用意した。また、「生き方につながる」授業を目標に、教科書以外の「投げ込み教材」として、『天声人語』「日本国憲法」「日本文化論」「映画のシナリオ」などの自主教材を読み進めることにした。「教えの授業から学びの授業へ」をモットーに、なによりも学ぶことの喜びを知るなかで、少しでも生徒自身の生き方や将来が見えてくるような授業実践に努めることにした。

「集団づくり」であれ、また「授業づくり」であれ、教師の誰もが初めから優れた力量を身につけているわけではない。私の場合は、その力を何よりもＨＲづくりや授業づくりの「実践のなかで」つけることを心がけてきた。初めて担任になったときの不安や期待は誰もが持つものであり、またときには思い通りにならない生徒に絶望することもたびたびである。だが、その不安や絶望もまた、生徒とともに生きることを忘れない限りは、いつの日かは不安は喜びへと変わり、絶望もまた、生徒や父母たちの力によって希望へと変わるのである。

この「教育実践報告集」が、ＨＲづくりや行事づくりなどの「集団づくり」を目指して奮闘する全国の先生方にとって、少しでも参考になり、実践の一助となることができれば望外の喜びである。

目次

第3章 学年集団づくりとは

第4章　不登校・登校拒否・高校中退を克服する

第5章　HR実践記録「定時制生徒とともに生きる」

第1章　学校とは何か

1　学校とは「自己」を実現する「舞台」である

子どもは「自立」に向かって逃走する

はやいもので教師生活も28年目、これまで勤務した学校も、全日制高校2校（17年）、定時制高校3校（11年）の合わせて5校になる。卒業生を6回送り出しているが、どのクラスにもどの学校にも、忘れられない生徒たちや彼らとのかけがえのない思い出がある。文化祭や予餞会で、クラスや学年の生徒たちと制作した映画もいつしか11本にもなる。昨今、生徒たちの「新たな荒れ」や「低学力」などの問題が国民的話題となっているが、11年間にわたる定時制高校での経験からすれば、ことさらあらためて驚くような問題とも思えない。

いつの時代でも、子どもは大人になっていく過程でいろいろな問題を引き起こすし、間違いを犯しながらも1歩ずつ成長していくものと考える。また、たいていの子どもは勉強は嫌いなものである。今日の「受験至上主義」による詰め込みばかりの授業ではなおさらであろう。子どもたちの不勉強や「学力崩壊」を嘆く前に、自分自身の授業づくりこそ問われねばならない。むしろ、子どもたちは、現在の「競争主義」と「管理主義」とに支配された社会の閉塞的状況のなかで、学びから、学校から、家庭から、親から、教師からひたすら逃走し続けることで自分を守っているのかもしれない。また事実、そうすることでしか「自立」をとげることができない子どもも多いのである。子どもに豊かな学びと人間的成長を保障するというよりは、ただ競争に追いやるだけの学校や家庭、そして若者にとって希望のない社会の側にこそ問題があるとも言えるのである。

与えられたテーマが「学校とは何か」ということであるが、難しい理論は苦手なので、自分のこれまでのクラス担任としての実践のなかから、心に残る2名の生徒との取り組みを報告することで、私なりの「学校論」に代えたいと思う。

全日制K校でのA子は不登校を続けることで新たな自分と出会い、また定時制G校でのU子は、問題行動を繰り返すことで「自立」への遠い道のりを歩み始めた生徒である。

「母なるもの」からの逃走

2年生になって私のクラスになったA子は、2学期になり遅刻・欠席が続くようになった。成績も良く、背が高くてモデルでも似合いそうな生徒であるが、前担任からは、わがままで自分勝手な生徒と聞かされていた。

9月30日（土）。「夕べA子と進路のことでケンカしたが、家を飛び出したまま今朝になっても帰らないんです」と母親からの電話。しかし、思いがけずに翌夕、A子本人が中学時代の親友S子に付き添われ、わが家に姿を現して一安心となった。

日頃無口なA子が、「2晩、友人（成人）のところに泊めてもらった」と言いながら、「なま暖かいものに触ると気持ちが悪くなる。小さな子どもや小動物をみると気持ちが悪くて吐き気がする。赤ちゃんも大嫌いだ。お母さんの顔はもう見たくない。家には絶対に帰らない！」など、理解に苦しむようなことを、何かに取りつかれたようにべらべらとしゃべり出す。「頭がおかしくなったのでは……。病院で診てもらいたい。すぐに入院したい……。お母さんとは絶対一緒には行かない！」と興奮するA子に、病院には私が付き添って行くことを約束した。

10月2日（月）。A子は医師にも同じ異常と思えることをべらべらと語り、「このまますぐ入院したい！」とどうしてもきかない。「入院には親の同意が必要ですよ。あらためて親同伴で来てくださいね」との看護師の言葉に残念そうなA子を廊下で待たせて、医師の話に耳を傾ける。だが、待っているはずのA子の姿が見えず、驚いて病院中を探し回るが見つからない。不安になって繁華街をあてもなく探し回るが見つかるわけもなく、あきらめて帰りかけたとき、偶然A子が街角から姿を現した。あわてて車を止めて声をかけると、意外にも逃げ出す様子もなく、素直に車に乗ってくれる。「家には帰りたくない。お母さんには絶対に会いたくない」と繰り返すだけの頑固な態度に困り果て、「先生の家に来るか？」と誘うと意外に同意した。

家庭訪問しても、1度も家のなかには入れてもらえず、いつも玄関での立ち話ばかりで、学校や教師をあまり信頼していない様子の母親と、喫茶店で面談する。「病院にはお母さんとは絶対行かない！」というA子の急激な心境の変化に、戸惑いを隠しきれない母親は、初めて私に心を開いてくれたようで、いろいろ語り始める。A子の不登校は幼稚園時代に始まっていた。それは、夫との離婚問題で家庭が大きく揺れていた頃であり、A子は、夫婦の争いの真っ只中で幼児期を過ごしていたのだ。その後、結局は離婚した母親は実家近くのG市に引っ越し、生活保護を受けながら、親子4人でアパート生活を送っていたのである。

10月4日（水）。母親はバスで、A子は私の車で別々に病院に向かう。先に到着しA子と2人で、廊下の長椅子に座って待っていると、少し遅れて母親も到着。しかし、驚いたことに、声をかけた母親の顔を見るなり、A子は脱兎のごとく、その場から逃げ出してしまったのだ。「A子！なぜ逃げるの！　お母さんよ!!」と叫ぶ母親の大きな声を背中で聞いて、私も反射的にA子を追いかけていた。中学時代陸上部であったA子の足は速く、人目を気にする余裕もなく、大声でA子の名前を呼びながら必死で追いかける。行き止まりで追いつかれ観念して診察を受けてくれたA子は、今度は「入院はしない」という。

診察後、母親と2人で医師の話を聞く。今度こそ逃げないと約束したA子だったが、少し目を離したすきに、またも姿を消していた。豹変したA子の姿を目の当たりにし、動揺する母親を激励しながらバス停まで送ると、私は市街に出てA子を探すことにした。予想通り書店で立ち読みをしていたA子に一緒に帰ることを勧めると、素直に車に乗り、逃げ出そうとしないのがいつも不思議に思えたものである。

A子のわが家での生活が再び始まったが、やはり登校はできなかった。長引くことを覚悟していたのだが、2週間後の夕方、「これから家に帰ります」と突然言い出し、さっさと荷物をまとめると、あっけなく引っ越していったのには、私も妻も、そしてA子の母親も少なからず驚いたものであった。

しかし、喜びもつかの間、A子は相変わらず母親と私を心配させ続けた。進級のかかった大切な追認考査の日にも、登校してこなかったのである。あわてて車を飛ばして迎えに走ったが、A子は頭からフトンをかぶって起きようとしない。それでも、あせる私に無理やりたたき起こされると、1時間以上も遅刻して自転車でようやく登校した。教務部の特別の計らいで再考査が認められ、何とか進級できることになり、母親も私も安堵の胸をなで下ろしていた。

3年に進級してからも、4月当初から遅刻・欠席の連続となり、5月に入っても一層ひどくなるばかりであった。驚いたことにA子は、家の近くのスーパーで無断アルバイトをしていたのである。それも偶然私に見つかり、厳しく叱られて登校を始めたが、A子は、親友S子と同じ専門学校に進学するための学費を自分で稼ごうとしていたのだ。2年のとき、母親とケンカして家出までしたA子は、進学をあきらめ切れずにいたのであろう。「肝心の高校を卒業できなければ、進学もできない」という、子どもでも分かる理屈が分からなくなるほど追い詰められていたのである。学校にも行かず、毎日アルバイトに精を出すA子の気持ちを切ない程に分かる母親は、校則違反の無断アルバイトを黙認し、私には内緒にしていたのだ。

A子の2年次での欠席は48日、3年次は33日であったが、最後の文化祭では、自分で書き上げた台本で演劇部の発表に取り組み、秋の地区大会では2位に入賞し、3年ぶりに県大会にも出場した。親友のS子や演劇部の仲間などの支えによって、少しずつ「自立」への道をたどりながら、A子はどうにか卒業までこぎつけたのだ。家出や無断アルバイトなどで不登校を繰り返したA子ではあったが、念願であった進学を断念して自ら就職を決断し、母親の愛情と保護の手を離れて東京へ、本当の「自己」を実現するための旅へと巣立っていったのである。

「母なるもの」からひたすら逃走することで不登校を続けたA子にとって、自らの小さな「内なる子ども」を否定しながらも、同時にそれを自らの手で大きく育てあげるための時間と「居場所」を必要としていたのかもしれない。

「つっぱり」U子の決断

3学期に入って、U子が胃痛を理由に11日も休み続けていた。心配になった私はU子の職場である喫茶店に行ってみた。コーヒーを注文して、姿の見えないU子のことを尋ねると、「U子さんは今日は胃が痛いと言って休んでいますよ」という。私は喫茶店を出るとその足でU子のアパートに向かった。母親と約束してから1度も訪問していなかったからである。U子は家業のスーパーの手伝いをやめ、すぐ近くの喫茶店に勤めながら、念願のアパート生活を始めていたのだ。

U子は全日制高校を2年半ばで退学していた。家庭的な問題から非行に走り、シンナー、家出、スナックでのアルバイトなど何度も補導されては、警官にさえ平気でたてついたと自慢げに語る。U子の「つっぱり」には母親もさんざん泣かされて、祖母やおば達にも「U子、はやぐ立ち直ってけろ!」と、何度も泣いて頼まれたという。「父とは顔を合わせるたびに喧嘩する。父親とも思っていない。ことごとくたてついてやる!」とつっぱるU子も、「母や祖母の涙はもう見たくはない」とひとまず家業のスーパーを手伝いながら、定時制でやり直すことになったのである。

しかし、母も驚くほどの変化を見せて、無事に3年に進級し、定時制にようやく「居場所」を見つけたと思われたU子だが、全日制時代からの幅広い交友関係からも、次第に放課後の帰宅時間も遅くなり、再び母親を悩ますようになっていたのだ。7月に、仕事のことなどで母親と口論になったというU子は家出をしたことがあった。「U子が店の手伝いをやめて喫茶店で働きたい、アパート生活をしたいときかない。つき合っている仲間も心配だ」という母親の不安が現実となったのである。しかし、「母親や学校のことが頭をよぎった」というU子は、2日後には思い直して戻ってきてくれたのだ。「この際U子さんの要求を全部認めて、U子さんの自由にさせてあげてもいいのでは。いまできるのは、U子さんをとことん信じて見守ることしかない」と説得する私に、母親もU子のアパート生活を許す気になったのである。

アパートはかなり古いもので、それらしき部屋をノックすると、なかからU子の声がした。部屋のなかには、ベッド、タンス、鏡台、テレビ、コタツなどが所狭しと置かれ、コタツの上には、昼食に食べたと思われる「ほか弁」の食べ殻が片づけられずに置かれ、小さな灰皿には、タバコの吸い殻が山盛りになってこぼれ落ちていた。部屋のなかも散らかって、なぜか華やかな柄の和服だけが、汚い部屋には似合わずにハンガーにぶらさがっていた（U子はこの和服を着て本店のスナックでも働いていた）。身体の具合を聞くと「胃が痛くていま病院に通っている。薬はちゃんと飲んでいる。仕事を休んだのは今日だけ……」とやつれた顔で、ほんとに苦しそうな表情である。

私は壁に掛かった和服のことも気にはなっていたが、それ以上のことは追求はしなかった。「きちんとした生活をするということで、先生からお母さんに頼んで、アパート生活を許してもらった。U子もそのことを約束した。何をしようが、どこの誰とつき合おうが、それはU子の自由だ。だが、人の期待に応えられる人間にならなければいけない。今度こそなんとしても高校だけは卒業して、お母さんを安心させなければならない」「K子のことも、親友として真剣に考えてあげなければならない。進級の危ないK子をしっかりと激励してほしい！」「K子はいま1番しっかりしなければならないときだ。そのためにも、U子の力をぜひ貸してほしい！」など、私はいろいろ「説教」して叱ったが、U子は素直に聞いてくれていた。

「少しぐらい胃が痛くても学校に出てこい。みんなが心配してるぞ！」という私に、U子も「月曜日からはちゃんといきます」と約束する。「月曜日には待ってるぞ」と、私は念を押してアパートを出た。こうした事態は、母親を説得してアパートでの1人暮らしを許したときから覚悟していたことではあったが、U子を学校にどう取り戻すか、今後のU子の指導をどうしたものかと、私の頭のなかは混乱していたのである。

月曜日。約束通り、しかもめずらしく遅刻もしないで登校したU子が、職員室に入ってくるなり、「先生！　私もうアパートを出ました。今日からまた家へ帰ります！」と明るく弾んだ声で言う。放課後にゆっくり話を聞く。「今度こそ、卒業できるまで絶対頑張ると母にも約束したので、先生安心してください」と聞いて、私は目頭が熱くなった。「なあU子！　やっぱり何て言ったって、いざとなれば頼りになるのは親だろう！　これからはお母さんのためにもしっかり頑張れよ！」と激励し、K子のこともあらためて力を貸してくれるように頼んだ。

K子も全日制を中退し本校定時制に転入したのだが、再び生活の乱れから定時制まで退学となり、1年後、特別に復学を許された生徒であった。しかし、相変わらずの怠学は直ることなく、私のクラスになってからも88日も欠席し、無断欠席が多いことから、私の家庭訪問も36回にも及んでいたのだ。U子とK子は中学時代の同期で、2人とも定時制に編入し、同じクラスになってからのK子は、何でもU子に相談して悩みを聞いてもらっていたのである。

U子とK子は、高校生活5年目にして念願の高校卒業となった。その年の秋、U子は卒業後も勤めていた喫茶店をやめて仙台に向かった。自力で専門学校に進学するための準備のためである。

12月。U子からのうれしい電話。「先生、広告代理店での仕事も見つかりました。仙台での生活も軌道に乗り、春からインテリアデザインの勉強を頑張ります！」

「通過儀礼」としての役割を

A子やU子たちとの取り組みを通して学んだことは、1人の子ども・生徒が変わるためには、何よりも親や教師自身が変わらねばならないということである。問題生徒にどう関わるかという方法論的・技術論的な問題以前に、教師として、また人間としての自己の価値観や生き方が常に問われ続けることになるからである。

単なる「道徳論」や「形式論理」に基づいた画一的・儀礼的な対応だけでは、生徒の内面に迫り、彼らの心に届く指導は、なかなか困難なのである。父母、教師が互いの信頼を育むなかで、子どもの立場に立って、子どもの心に寄り添いながら、子ども・生徒を1個の人間として見つめることが可能となり、父母や教師自身と子どもとの「関係性」がより豊かなものへと変わるとき、初めて彼らは本来の姿を見せてくれるということを、U子やA子たちは教えてくれたのである。

学校という空間は多面多様体であると考える。多様な生の局面を生きる生徒たちが、いわば「思春期」「青年期」という嵐のなかで、自立への困難な旅を続けながらも、その「魂の遍歴」の過程において、幾度となく「死と再生」の象徴的儀式を繰り返しながら大人になっていくのである。そんな一人ひとりの子どもたちに、それぞれの物語を創造することが可能な装置を用意し、さまざまな試行錯誤を経ながらも、自己を実現していくことが可能な舞台こそ学校である。

高生研代表・竹内常一氏（国学院大学）の提唱する「転生の物語」をどう語り、そのための「自立への装置」を学校や社会のなかでどうつくれるのか、教師にとって大きな課題である。いまや現代社会では失われてしまった、M・エリアーデの言う「通過儀礼」としての役割を担えるような「学びの場」こそ、本来の学校でなければと考えている。

2 「教えの授業」から「学びの授業」へ
――自主教材を生かした授業づくり

本校生徒の現状

全日制K高校（普通科4学級・商業科2学級）は、昔から部活動が盛んなのびのびとした校風の学校である。しかし、西北五津軽地方ではナンバー2の進学校でもあることから、県の進学向上対策事業校に指定され、以来、国公立大学への進路達成を目標として、放課後の進学講習、夏休みの進学合宿など、受験指導に特別に力を入れてきている。

このため、授業はどうしても受験対策中心の詰め込み授業になりがちで、反面、生徒の大半は英語の苦手意識が強く基礎学力に欠けるため、力を入れて取り組んでいる割には、他教科に比して成績は伸び悩んでいる。成績の良い生徒にしても、英語を入試に必要な単なる暗記科目と考えた、詰め込み・努力型が多いからである。教科書中心の講義式授業に慣らされて、真面目にノートを取り、それをテスト前に暗記するだけの勉強に慣れきった生徒の応用力のなさには、愕然とさせられることも多い。

偏差値重視の昨今、授業は英語に限らず、学ぶ喜びが全く感じられない、知識伝達・注入型の詰め込み授業になりがちであるが、自ら学ぶ力とそのための基礎力をつけることで、それが着実に進路の達成にも結びつくような授業をどうつくるかが大きな課題である。

「教えの授業」から「学びの授業」へ

私の授業は、まずプリントづくりから始まる。英語の苦手な生徒、意欲のない生徒をどう授業に参加させるか、10年間の定時制時代に考え出した苦肉の策である。

全日制においても、予習してこない生徒、ノートを取らない生徒、居眠りする生徒など、問題は全く同じである。真面目に授業に取り組む生徒にしても、板書事項をただ機械的にノートに写しているだけで、考えることは停止していると言えよう。

このことから、いかに生徒を授業に参加させるか、いかに生徒と教師の対話のある「考える授業」を成立させ得るかが、定時制時代からの課題であった。私の授業づくりは、そのための手だてとしての「プリントづくり」から始まることになる。

教師があれこれと「教える」というよりは、生徒が「自ら学ぶ」という工夫が何より大切であると考え、次の3点を授業づくりの目標として、毎日の教材づくりに励んでいる。

(1) 考える授業をどうつくるか

プリントは、記号を頼りに辞書を引きさえすれば、誰でも解答・訳読できるように工夫している。クラスのレベルに合わせて設問の仕方は違ってはいるが、普通科進学クラスも商業科就職クラスも、また定時制であっても、生徒に身につけてほしい英語の基礎力はみな同じである。英語を理解するためにはどうしても必要な最低限度の原則、日本語とは根本的に違う英語の骨格・構造を徹底して考えるために工夫したプリントであり、次の3点を毎時間生徒に強調している。

①英文はSとVを中心に構成されており、大きく2つの文がある。(動詞は○で囲む)

1. She is a singer.(彼女 である 歌手は/彼女は歌手である)
   (S) (V) (C)
2. She sings Enka-songs.(彼女が 歌うのは 演歌だ/彼女は演歌を歌う)
   (S) (V) (O)

特にSVOの文型は英文の基本であり、その構造は、「私とあなた」「私ともの」など、西洋特有の二項対立の対象論理・二元論的世界観を内包しているのである。普段、無意識的にも一元論的世界のなかで生かされて、主語のない日本文を使いなれ、何の問題も感じない私たち日本人にとっては、「何を主語とするか」は、英語表現において一番難しい問題となるのである。そのためにも、英文においては、主語を確実に把握し、2つの存在者同士のさまざまな関係（V）を確実に読み取ることが、何よりも大切であると強調している。

②主語になるのは名詞であり、説明は名詞の後につく。

A little girl [born in Kumamoto] went up [to Tokyo] [to be a singer.]

1人の少女が［熊本で生まれたが］出て行ったのは［東京で］［歌手になるためでした］

③どんな複雑な英文も、1文ずつ確実に、上から下へ左から右へと、主文（結論）を押さえながら読む。（接続詞は□で囲む）

（慣れない街の届かぬ夢に 迷いそうになるときにも……）

Whenever I was lost [in my dream] which would not come true [in this city]
(S1) (V1) (S2) (V2) (C2)
to which I wasn't used.
(S3) (V3)

以上は英語教育学者寺島隆吉氏（岐阜大学）の「英語記号づけ」による授業実践に学びながら、自分なりに工夫しているものであり、英語を「英語の論理」に従って読むために、特に強調して教えるのはこれだけである。

しかし、生徒の多くは、英語を学ぶというよりは日本語に訳すことだけにこだわるため、英語を「日本語の論理」に従って読んでいる。これは、元来単純明快な英文を、わざわざ複雑にして難しく読んでいることになる。

したがって、生徒には、「大事な情報ほど文頭に出る」「結論から説明へ」という英語の論理に従って、英文を構造的にとらえて理解できる力をつけることが、何よりの課題となる。記号づけされたプリントを利用することで、筆者の意識の流れに沿って理解できる力を養うことができると考えている。

このため、最初から日本語訳のついたプリントをつくることも多い。日本語訳が分かってから英語の勉強が始まるのである。生徒との対話のなかで、英語と日本語の構造的違いを比較対照しながら授業を進めることができるからでもある。

（2）楽しい授業をどうつくるか

次に、生徒にとって苦手な、つまらない英語の授業をいかに楽しいものにできるか、という観点から英語の歌を取り入れることにした。ロックから日本の演歌まで、年間10曲、３年間で30曲以上の歌をマスターすることを目標として、20年以上も続いている。

生徒がもっとも苦手とする文法も、歌を通してすべて身に付けることもできると確信しているが、生徒たちはあまり難しいことを考えずに、気楽に英語の歌に取り組み、英語が得意な生徒も苦手な生徒も理屈ぬきで楽しく歌っている。

ビートルズの『In My Life』や『LET IT BE』などの美しい英語の詩をリズムにのって音読したり、歌ったりすることは、何より英語の勉強となり、自然と歌詞も暗唱できたりもするのである。

これまで授業で取り上げた英語の歌は、『Yesterday』から『We Are The World』まで70曲以上にもなる。私自身演歌大好き人間で、石川さゆりのデビュー当時からの大ファンでもある。自分の趣味・特技を大いに授業に生かすという意味で、石川さゆりや郷土の大歌手・吉幾三などの日本の演歌を英訳し、生徒と一緒に教室のなかでカラオケにも興じている。『津軽海峡・冬景色』『天城越え』『津軽平野』『雪国』など、日本の演歌を英語で歌うことで、「分詞構文」「不定詞」「関係代名詞」などの難しい文法も、遊び感覚で楽しみながら学習できるのである。

余談ではあるが、石川さゆり宛てに「天才ボーカリスト・石川さゆりの永遠の名曲『津軽海峡・冬景色』を歌って英語をマスターしよう！」と題して作成した自主テキスト（B５版26ページの冊子）と、彼女の代表曲４曲（英語版）を私が吹き込んだカラオケテープに、ファンレターを添えて送った。思いがけなく直筆サイン入りでお礼の手紙が届いたのには、生徒も私も感激した。唯一、私が生徒に自慢できる宝物である。

今年度もまた、生徒の要望もあり、彼等の大好きな日本のポップスを数曲を英訳し、「使役動詞の用法」から「無生物の主語」まで、英語を読むための原則20ポイントを20ページのテキストにまとめて、１学期の教材とした。

岡本真夜『TOMORROW』、河村隆一『LOVE IS…』、安室奈美恵『CAN YOU CEREBRATE?』、

GLAY『HOWEVER』のヒット曲4曲を英語で歌う試みは、若い彼等には演歌以上に好評で、教室はさながらミュージックステーションと化している。

私が英訳した日本の演歌やポップスは現在11曲になるが、歌のリズムにうまく乗せて英訳するのは、なかなか骨の折れる作業である。しかし、その過程もまた、何とも楽しい教材研究であり、生徒たちにもぜひ味わってほしい創作の喜びでもある。

『We Are The World』は、歌をマスターすれば毎回ビデオも鑑賞するが、歌の素晴らしさはもちろん、超一流アーティストたちが、無償で1つの目的に向かって力を合わせて取り組んでいる姿に、生徒たちはみな感動する。人間として生きることの素晴らしさと、今日の時代に最も必要とされる「人類の連帯と共存」のこころを、少しでも学んでくれたと実感している。


「私は英語が嫌いで、長文は見るだけで疲れるくらいいやですが、英語の歌は大好きです。歌っているうちに、歌詞はどういう意味なのか興味がもてるようになり、日本語訳を知って、英語を用いてる人たちは『自分があって世界がある』という考え方のもとに歌をつくっているんだなあ、と考えるようになりました。こんなふうに考えるようになってから、英語って結構面白いものだなあと思い始め、ＳＶＯＣといった英語の仕組みが楽しく感じられるようになりました。英語の歌は、リズムに乗って歌っていると、どれもいい歌だなあと思います。私もいつか、歌のように楽しく英語を話せるようになりたいと考えています」

「泣きたくなるほど感動した。しかし、ショックでもあった。何もしていない、考えているだけの自分を突きつけられたようで……。『普通の人』だから何もできないと思っていた。思っているだけでも、まわりの人より良いことをしているのだ、と思っていた。あさましい自分に気がついて……。There are people dying. So, let's start giving……だから、最後のライオネル・リッチーの言葉は痛かった。本当に何かに刺されたようだった。足の先まで、胸のつまるような思いが響くようで、目頭が熱くなった」（授業感想文より）

（3）生き方に関わる授業をどうつくるか

人間としての成長や生き方に関わる授業、学ぶことが生きることに直結するような授業づくりという観点から、読み応えのある自主教材づくりにも力を入れている。「映画シナリオ」から「日本国憲法」（英語版）や「日本文化論」まで、教科書以外の投げ込み教材を生かし、授業を生徒と教師の知的交流の場にすることが大きな課題である。

記号づけプリントで、『天声人語』（英語版）を教材化し、「従軍慰安婦」「日本の農業」「医療と福祉」など、生徒に社会や人間の問題にも目を向けさせ、英語を通して生徒の内面に迫れる授業を追求している。

生徒には一見難しそうな教材であっても、記号づけプリントによって、語句は難しくても中学1年生程度の英語のレベルの読み方で、どんどん読み進めることが可能だからである。教科書以外にも、できるだけ読みごたえのある教材を発掘し、生徒の関心と意欲を引き出すことが何よりと考えて、自主教材づくりに励んでいる毎日である。

〈主な投げ込み教材〉

1　『天声人語』を英語で読む

2　「日本国憲法（前文）」を英語で読む

3　「日本文化論」を英語で読む……『大和路随想』（平山郁夫『大和路を描く』〈中央公論社〉より）、『茶の本』（岡倉天心）

4　シナリオを読み名作映画を鑑賞する……『ローマの休日』『レインマン』『いつも心に太陽を』『東京物語』（英字スーパー）

5　修学旅行事前学習用教材……「外国人から見た京都の美・奈良の美」

6　NHKブックス『英語の発想・日本語の発想』（外山滋比古）を1冊読み切る

7　その他の自主教材

①The House That Jack Built（Mother Goose）で関係代名詞を学ぶ

②「MY DAY」（日常会話を身につける自作会話文315例文）

③「基本文型書き換えドリル」で時制・態・相をマスターする

④「長文速読練習模範文」で英文を前から読む力をつける

8　「チーム・ティーチング用自主教材」（自作スキットNO.1〜NO.13）

オーラルコミュニケーションについて

本校もALTのベース校として3年過ぎた。生徒とALTで会話のできる授業をつくりたいと考え、毎回身近な話題を取り上げ、「ALT」「生徒たち」「担任」を登場人物に仕立てたスキットを、ALTと協力しながらつくってみた。「リーダー」の各レッスンでの学習ポイントをすべて盛り込んだスキットをつくりあげるのには毎回苦労したが、生徒たちには好評で、毎時間活気あふれる楽しい授業となった。「学校英語」でも基礎力さえあれば十分に会話が可能であることを学んでくれたと思っている。

昨今、コミュニカティブな英語の必要性が声高に叫ばれているが、英文を前から読める力のついていない生徒に、単に例文を暗記するだけで英会話ができるとは考えられない。たとえゆっくりでも、英語の論理構造のなかに自分の思いや考えを盛り込んで、何とかそれを相手に伝えることができること、そして、そのための基礎力をきちんとつけることこそ大切であると考える。

英会話も、英作文も、英文解釈も、それはみな「英語」という1つの言語なのであり、中学1年生が習う英語から大学教授が読む英文まで、どんな英語にも底流するその構造をつかみ出し、それを自ら応用できる力こそどの生徒にもつけてあげたい真の学力と考える。

授業づくりと学校づくり

現在多くの学校では、能力主義・管理主義支配のなかで、学ぶというよりは暗記・詰め込み中心の学習に追われ、偏差値支配の受験システムのなかに否応なしに組み込まれ、受験知の量的・効果的獲得に、教師も生徒も何の疑問もなしに邁進しているのである。

生徒の内面的発達や人間としての生き方を無視した、単に効率一点ばりの授業が盛んな今日、過剰な受験指導による多忙さのなかで、教師も生徒も生気を失っている学校を、そして授業をどう再生できるのか、そのための教材づくりはどうあるべきなのか、大きな課題であろう。

「英語を教える」という発想から「英語で学ぶ」という発想への転換の必要性を痛感している。英語という言語を学ぶ作業を通して、日本語と英語の構造的・論理的違い、日本人と英語を話す民族のものの考え方や世界観の違いを学び、人間としての成長や将来の生き方を考えることができる授業づくり、そのための教材づくりを目指したいものである。

第2章　学級集団づくりとは

1　行事・文化活動を軸にした学級集団づくり

はじめに

「友だちなんて、仲間なんて、先生なんて、学校なんて、ましてクラスなんて。頭のなかでつなげてみたところで、薄っぺらなものでしかない。少女は、そして私たちは確かめようともせず、何もかもに背を向けてきた。しかし、ちっぽけな抵抗でしかなかった。

少女は傷つき汚れながらも、信じることも愛することも知った。そして本当の自分を知った。温かい友情に包まれながら、旅立つ少女の横顔……。傷つくこともなく、努力もせずに、青春が美しいわけもないことを、映画を通して初めて知った自分の悔しさ……。

いつからか、大切に磨き込んでいた私のリンゴを、ガブリとかじられたかのような衝撃と映画の感動が2重になって、私の涙を誘った。自分の心のなかにあった『青春なんて』がはじき飛ばされ、いま初めて素直になれそうな気がする。

そして、人間として私たちに大切なのは、信じあい、助けあって、一生懸命生きることなんだと思った」（生徒映画感想文）

今春、卒業間際に完成した映画をとおして、生徒、教師間に大きな感動を呼び、自らもやればできるという自信と感激、そして誇りを胸に社会に飛び出していった3年6組は、進路別編成クラスであった。

T高は数年来、生徒の進路達成のため、2年次からは類型別にクラス編成が行われており、私が2年間受け持った3年6組は、Ⅲ型（就職コース）のクラスである。Ⅲ型クラスには毎年成績下位者が集中し、それは同時に、生活指導上多くの問題を抱えた生徒の集中をも意味していた。

他類型との学力差、学習意欲の低下、非行の増大などにより、生徒間では「だめな類型」とささやかれ、教師間においても無意識的にではあれ、差別・選別意識がぬぐい切れていないのが実情である。クラスのなかには、そうした生徒集団・教師集団の差別意識を敏感にかぎとり、大なり小なりの劣等意識を抱き続け、悩む生徒が少なくない。

そうした彼らが、校内に漂う偏見とイジケ・シラケの無気力の打破をめざして取り組んだ、新聞づくりから映画制作に至るまでの2年間の活動の歩みを振り返って、学級集団づくりに奮闘する全国の仲間たちのご批評、ご指導をいただきたい一心である。

2年6組の歩み

2年6組（男子12名、女子36名）はⅢ型3クラスのなかでも、とくに学習、生活指導上で問題を抱えた生徒たちが集中したクラスとなった。生徒が2年次のクラス文集に書き残した文によると、「個性的な人たちばかりで、はじめはこのクラスはどうなるんだろうと、心配もありましたけど……」となっており、学年教師間の注目のなかでスタートしたクラスであった。

なかでも12名しかいない男子は、2年次での停学処分、怠学、成績不良のため原級留置きとなって編入されたA男、怠学と著しい生活面の乱れから再三父兄が召還され、学年主任の厳しい注意を受け、春休み中にも大きな問題を起こし、誓約書まで取られての進級となったK夫、また、1年次での学年会議の席上、生活面・学習面での問題生徒としてつねに話題を提供し続けたM夫、D男、N夫、E男など、学校、教師に対して強い反発を抱いている生徒たちばかりである。

A男は4月早々、3年の仲間たちとともに、クラスのE男、F夫らを屋上に呼び出して気合いを入れるという事件を起こし、新しいクラスよりは3年の仲間とつねに行動をともにしていた。K夫は私のクラスになってからも怠学が目立ち、有職少年と徹夜で飲み明かしては酔ったまま登校したり、また、自宅に仲間を集め酒を飲みながらのバカ騒ぎなど、つねに母親を悩まし続け、思い余った母親が私のアパートに再三泣き込んでくる状態が続いた。また、いたずらに劣等意識を抱き続け、生々しくおおいかぶさる現実からひたすら逃避しようとする多くの生徒たちに対し、何らの理論・方法論も持たぬままクラスづくりに取り組むことになった私は、弱気になりがちな毎日が続いていていた。

しかし、私と生徒たちとの、またクラスの仲間同士のコミュニケーションの場の確保と共同体意識の高揚をめざし、4月当初から、挫折しかけながらも、かろうじて毎週欠かさず発行され続けていた「週刊マイウエイ」は、生徒にとっても、また、私自身にとっても大きな励みとなっていた。文化祭には、「学級新聞展示」という形でクラス参加を果たせるまでとなり、全校生徒、教師間でも高く評価され、クラスの自信と誇りともなっていたのである。私は学級新聞づくりを軸としたクラスづくりに全力を傾けるとともに、問題ある生徒に対しては、いたずらに細かいことがらに目くじらを立て、ありきたりの「道徳論」を振りかざして「説教」するというよりは、彼らを強引にクラス活動に巻き込みながらの指導を続けることにした。

2学期に入り、家庭的な問題でM夫が突然学校をやめるということもあったが、クラスは次第に、キャンプ、体育祭、修学旅行等を経て、明るく活発なムードになり始めていた。だが、校内新聞コンクールの入賞をめざし一丸となって取り組んでいた2学期末、思いがけずに、Ⅲ型のクラスを中心とした女子の集団飲酒喫煙事件が持ち上がった。生徒指導部の取り調べを受けたわがクラスの生徒は、M子、K子、H子、R子、N子らである。うちM子は、異性交遊問題も明るみに出たことで、自主退学による転校を強く勧められた形での自宅謹慎となった。

「できることなら、ぜひ学校に残り一から出直したい」という本人と両親の強い希望により、「自主退学から転校へ」というそれまでの本校の慣例を破り、あえて職員会議にかけての判断を仰ぐ決意を固めていた私は、処分会議に備えて教師間の根回しと、単独で校長への嘆願に及ぶが、断固たる校長の決意は変わらず、原案決定の補導委員会での席上でも、再度強く転校を勧められることとなった。

クラスの動きはM子に転校してほしくないという意志で、男子全員が頭を丸めて、代表として校長室に嘆願に行く決定までしていたのであったが、判断に苦しんだ私自身の敗北から、自主退学を余儀なくされてしまった。

処分会議当日。朝のSHR。その日の校長嘆願のためにと坊主頭にしてきたD男、K夫、A男、E男、N夫らのクラスの生徒たちを前に、M子は転校することになったと告げると、みんな泣き出し、私も担任としての無力さに涙があふれ、大声を上げて泣いていた。

その日の処分会議は、H子、K子の1週間の停学処分、R子、N子は父兄召還による学年主任注意となった。願いもかなわず、男子の坊主頭がさびしく残っただけではあったが、クラスはこの事件をきっかけに、つき物が落ちたように変革し、クラスの仲間意識はさらに強いものになっていった。M夫、M子と続けて2人の仲間を失い、しょげきっていたクラスも、校内新聞コンクールで、3学年を押さえて堂々最優秀賞を獲得し大きな喜びに包まれ、生徒のなかには、「卒業までに本を出版しよう、映画を制作してみよう」などの話が持ち上がるほどにもなっていた。

その後、クラス合宿の取り組み、全員出場による予餞会クラス参加、クラス文集「マイウエイ」(226ページ)発行、そして「週刊マイウエイ」も絶えることなく28号まで発行(総ページ数、123ページ)にこぎつけ、長かった1年を終えた。

3年6組の歩み——映画制作に向かって

4月。M夫、M子と2人の仲間を失ったクラスは、3年6組46名で再スタートすることとなった。私は、ハンセン病と闘いながら亡くなったという歌人の言葉をクラスのモットーに掲げること、そして昨年来たびたび口にしていた映画制作を実現するための具体案として、映画制作部をもうけることを指示した。

「校内に漂うイジケ・シラケの無気力をわがクラスの力で打破しよう!」と呼びかける私に、「また先生の冗談が始まった」とみんなで大笑い。そんな明るいムードのなか、新しいHRスタッフと5つの部がスムーズに編成されていった。

各部は部長選出後、さっそく年間経営案を作成。HR企画部では、「学級歌」募集という案を盛り込み、また、出版部は、クラスのリーダーでもあるS夫が部長となり、「週刊マイウエイ」（B4版）に加えて、「日刊マイウエイ」（B5版）の発行も決まり、みなヤル気十分である。生活部は、この日の初仕事として掲示物の作成に取りかかり、クラスのモットーを教室の壁に掲げた。

深海の魚族のように、自らが燃えなければ、何処にも光はない――明石海人

企画部の就職面接対策としてのSHR時における3分間スピーチの実施、生活部の世界の名言と英語単文の板書（帰りのSHR時に全員で音読する）、学習部の就職模試、映画部の県総体を目ざし、部活動に励むクラスメートの撮影、また出版部では、各部の年間経営案などを載せた「週刊マイウエイ」（5ページ）、そして新たに「日刊マイウエイ」の発行と、活発にスタートした新学期となった。

学級歌完成「君がさがしてきたものを」

全校春の遠足も終え、企画部が賞品つきで募集していた学級歌が思いがけずに完成した。部長であるN夫自らが作詞・作曲した「君がさがしてきたものを」である。

N夫は怠学などの問題行動が目立つ生徒ではあったが、予餞会での大活躍以来変わりつつあった。うれしさのあまり、子どものようにはしゃいでしきりに感激する私に、N夫はさかんに照れ

ている。さっそく発表された学級歌はN夫の指導でSHRで歌われていった。

君がさがしてきたものを　みんなでさがしてあげよう
だから僕が失くしたものを　みんなでさがしておくれ
心の中に秘めている　口には出せない今だけど
いつかはそれを言えるときが　来るだろう　来るだろう

しきりに照れながらも、ギターをかき鳴らして歌唱指導するN夫は、もう立派なクラスの核である。私はこの感激を、制作予定の映画のストーリーの重要なポイントにしようと思い描いていた。

男子バレー優勝

5月。学級歌完成で盛り上がったクラスは春の球技大会を迎えた。私はそれまで惨敗の連続であったクラスを発奮させるために、入賞を果たした暁には坊主になることを宣言した。「じゃ優勝したらどうする先生?」T男の声。「優勝なんかしちゃったら、五厘どころか、頭剃ってくるよ」「ワー本当だな!　ハゲだぞ!　ハゲ!」。私の大宣言にクラス中大騒ぎとなった。

女子はバレー、ソフトともに敗退したのだが、男子バレーは、準決勝で強豪教員チームの手抜きからか3－1で勝ち、下馬評通りに勝ち進んだ3年1組との決勝戦まで勝ち進んでしまったのだ。1－1の接戦に、両チームの女子応援合戦も白熱化、わがクラスの声援はいつしか「ハーゲ！ハーゲ！」の大合唱となり、映画部は男子の勇姿を忙しくカメラで追いかける。女子の黄色い声援のなか、私のハゲ頭を賭けての大奮闘で、3、4セットと続けて取ったわがクラスは、念願の優勝を果たし大感激となった。

再び、「ハーゲ！　ハーゲ！」の大合唱となり、私の身体は、複雑な心境のなか、2度、3度と宙に舞っていた。

赤点総数35個

新学期のスタートに、男子バレー優勝で花を飾ったわがクラスは、中間考査の結果は惨たんたるものとなった。2年次以来、Ⅲ型3クラス中、つねに最下位の位置に甘んじていたのだが、ここへきて赤点総数35個という不名誉な記録を打ち立ててしまったのだ。

「36HR危機！　卒業への警告赤ランプ！　赤点35個とは!!　T高始まって以来の記録を打ち立てたわがクラス、なんと！　赤点35。『何でも1番取ればいいってもんじゃない！』と担任の激しい怒りの声が飛ぶ……」（週刊マイウエイ第36号）

学習部による赤点対策用プリント配布、とくに今年は大切な就職に備え、週1回の就職模試まで実施していたのだが、まったく効果なしの状態であった。

体育祭に向かって

7月。高校生活最後の体育祭を迎え、わがクラスは黄組チームの応援の部を担当。各チーム、割りあてられた6枚のベニヤ板を組み合わせ、思い思いの絵を描いた「バック」を天高く掲げての応援合戦も白熱化する。

K夫は自慢のドラムセットまで持ち込んだ。待望の応援合戦。A夫の持ち込んだ爆竹の炸裂する音を合図に、打ち鳴らす太鼓の音と大歓声のなか、必勝の旗を押し立てて、黄組全員が本部席めがけて怒濤のごとく押し寄せる。青春のエネルギーの爆発だ。「ラッセラー！　ラッセラー！」のネブタ囃子の乱舞のなかを、映画部のJ子とA子がカメラを抱えて忙しく動きまわる。惜しくも総合第3位に甘んじるが、クラスが担当した応援の部では優勝を果たし、どうにか最上級生としての面目を保った。

クラスキャンプ

夏休みを控え、キャンプへの取り組みと、「週刊マイウエイ」（1学期特集号）の発行にあわただしい。各部の1学期総括とクラス全員の1学期反省文を載せ、20ページの超特大新聞となる。私も、「この夏おもいきり飛んでみよう」と題した雑文を投稿した。

キャンプは企画部の努力にもかかわらず、参加人数がおもわしくない。私は、友情と団結で、シラケと無気力の泥沼から立ち上がっていくクラスを描く映画をつくるためには、何としてもキャンプのシーンが必要であり、参加者が少ないとロケができないことを述べ、とくに男子の参加を強く呼びかけた。

　夏休み中、T男がバイクの無免許運転で1週間の停学処分を受けるという事件もあったが、映画のロケを兼ねた待望のクラスキャンプも、30数名の参加により思い出深いものとなった。だが、全員参加を果たせなかったのが悔やまれた。

T高祭に取り組む

　9月。全員参加のうちに全校耐久遠足も終え、企画部から文化祭クラス参加についての原案が提出された。

「先生、映画は撮らないんですか?」。HR専任のS子の声である。文化祭には映画を発表することが企画されていたのだが、ストーリーが大きくふくらみすぎて、シナリオが夏休み中に完成できず、文化祭までは間に合わない状況であった。

　結局、文化祭には、それまで撮りだめしていたクラス活動のフィルムを編集、BGMを録音した「ドキュメント3－6」の参加でお茶を濁すことになり、8ミリ上映と同時に、学級新聞「週刊マイウエイ」「日刊マイウエイ」展示と喫茶店「独」の営業も決議されることになった。

　前日祭恒例の「のど自慢大会」にも、全員で学級歌を歌ってクラス参加を果たそうと決まり、初めて全校生徒の前で歌った学級歌「君がさがしてきたものを」は、大きな反響を呼んだ。喫茶「独」営業、学級新聞展示、8ミリ映写会と、2日間の文化祭を全員一丸となって活躍、最終日には、2年次の秋にクラスを去っていったM夫も姿を見せ、互いに再会を喜びあう。後日祭終了後の反省会では、M夫も交えて、ともにT高祭の成功をコーラで乾杯、学級歌を歌って喜びあった。

「傷だらけの青春」シナリオ完成

10月。文化祭も大成功のうちに終え、就職試験解禁。わがクラスの生徒たちも続々と上京する。私は、文化祭後に本格的に取り組ませようと考えていた映画のシナリオを、徹夜でガリ版を切って印刷し、LHRで全員に配布した。3年6組総出演による卒業記念作品「傷だらけの青春」である。

予定した以上の本格的長編青春ドラマに、みな大騒ぎとなる。「こんなのできるわけはないよ、先生！　オレたちにはとても無理だよ」。リーダー格のS夫までがしきりに「冗談がきつい」を連発する。それまで多くの活動を成功のうちに成しとげてきた彼らも、本格的な映画を長期にわたって、クラス単位で制作するということは、実感としてなかなかつかめていない様子であった。

「すばらしいと思うけど果たしてできるのかどうか？　でも、全員で力をあわせて頑張ったらすばらしいものができるかも」「できたらおもしろいと思うけど、それまでが難関ですね」「完成できたらすばらしいことだとは思うのだけど、ずいぶんと難しいことだと思うのです。本当にみんなヤル気があるんだったら別だけど」（日刊マイウエイ第37号）

キャスト決定

2学期中間考査を控え、E男が例によって父親とケンカして家を飛び出し、友だちのところを泊まり歩いていることを知った私は、厳しい条件をつけ、本人が実家に戻る気になるまで、私のアパートで指導することにした。

この事件を知ったわがクラスの赤点グループA男、K夫、N夫らも押しかけ、わたしのアパートは中間考査に備えての合宿所と化す。試験勉強の後、フトンのなかで映画について語りあう。みなヤル気満々である。

第1の難関はキャストの決定だと考えたK夫は、ひそかに男子全員に根回しをして、主役の洋子の相手役はG男に了解させていた。万年劣等生の彼らの変わり様は、私の大きな喜びとなっていた。なかでもK夫は、母親も学年の先生方も驚くほどの変身で、彼はS夫と並んでわがクラスの中心的リーダーとして頼もしい存在となっていた。

E男は慣れぬ家事仕事に音をあげ、1週間後には親元に帰り私も一安心となったのだが、肝心の中間考査は努力むなしく、クラスは2度目の赤点総数35個という惨たんたる結果に終わり、再び新聞の特集記事になってしまった。

「またもや赤点続出！　二度目の35個!!　1学期の中間テストにおいて、我が36HRは赤点35個という最悪の結果を残しておきながら、またもや最悪の状態に陥ってしまった訳です。日頃の欠席・早退も多く、そのうえ授業態度も良くはない。こういうことが赤点を導く最大の原因となったのではないでしょうか。なぜわがクラスは、34ＨＲと35ＨＲに差をつけられるのでしょうか？わがクラスは、どうしてⅢ型のなかで最低なのでありましょうか？　卒業するまでは一度でいいから、Ⅲ型のなかでトップになりたいものですね。みなさん！　一に勉強、二に勉強の精神で……」（週刊マイウエイ第48号）

10月23日。春からの企画であった待望のクラス遠足である。これまで積み立てていた学級費をおろして、十和田湖へのバス遠足となった。映画のロケーションを兼ねた高校生活最後の遠足は、心配された雨もあがり絶好の秋日和のなか、思い出深い紅葉狩りとなる。

11月3日。ＬＨＲ。待望のキャスト（23名）決定の日である。この日のために奮闘したＫ夫の推薦で男子は全員決定。しかし、女子は肝心の主役と準主役、非行少女洋子と奈々役の２人がなかなか決まらない。スッタモンダの末、推薦でＹ子とＳ子の名があげられ、拍手と大歓声のなかさすがにＳ子は観念するが、洋子役のＹ子は必死に拒絶する。しかし、他になり手のない以上強引に決定となり、キャストさえ何とか決まれば、映画の半分は完成したも同然と考えていた私は一安心となった。

クランクイン

11月10日。ＬＨＲ。８ミリカメラと三脚を持ち込んだ私の姿にみな大歓声。

「ヤー！　先生本気なの？」。主役に選ばれたＹ子の声である。シナリオを配って一読してはいたが、彼らはいまだに本気にしていない状況である。私は、卒業までのLHRは予定をすべて取りやめ、映画制作1本でいくことを述べ、その日の撮影シーンの説明をし、スタッフに細かい指示を与えた。監督D男、助監督A子、カメラJ子、ライトN子、K夫は録音・編集である。

＜シーンNO．2――朝の教室＞

・教室のなかは騒がしく勉学の場とはとても思えない状況である。走り回っている者。トランプする者。早弁する者。エロ週刊誌を見ている者。紙ヒコーキを飛ばす者など。

・担任、雑然とした教室に入ってくる。

「起立！」（城太の声）。

・あわてて席に着き、だらしなく生気のない様子で立ち上がる生徒たち。

・担任の目の前を紙ヒコーキが横切って飛んでいく。それを拾いあげ握りつぶすと、沈うつな表情で教壇に立つ。

「カーット！」D男の大きな声。紙ヒコーキがうまく飛ばずにNGである。2度目はうまくカメラにおさまり無事終了。

しかし、肝心の台詞の段になると全くはかどらずNGの連続となる。キャストは練習どころか、シナリオも十分に読んできていないのだ。自分たちで映画を撮るなどという体験は生まれて初めてのことで、彼らにとっては信じがたい大事件である。人前で演技するなどという体験も、小学校の学芸会以来の者ばかりそろったクラスでもあり、ましてカメラの前で、多くの生徒たちが見つめるなか、シリアスな演技をするともなればなおさらのことである。キャストが決まってからでさえ、いまだに本気になれない生徒が多い状況である。みんなただただ笑いをこらえるのに必死で、撮影どころではない。NGの連続に、私はつい大声でどなりつけてしまうことになる。

「バカタレ！　おまえらヤル気あるのか！　A子、お前模造紙に台詞を書け！」。助監督のA子が、マジックで大きく台詞を書いた紙を掲げて、カメラに入らぬように役者に見せる。苦肉の策である。「D男、お前監督だろ！　お前がバンバン怒鳴りちらしてやらせるんだよ！」「うるさい！　だまれ静かにしろっ！　笑うな、絶対に笑うなよ。本番5秒前！　ヨーイ、スタート！」D男も私に怒鳴られ必死である。「だめっ！　カットだ」つい私が口を出す。「なんでだよ、せっかくうまくいってたのに……」「後のほうの連中が笑っているよ」「あっちはカメラには入ってないんだからいいんだろ？」D男が私にやり返す。「カメラに入ってなくたって、全員このシーンに合った表情をしてなきゃいいものが撮れるわけないだろ！　台詞を言う者だけが演技してればいいってもんじゃないんだよ。バカタレ！　もう1度やり直し！」「いいか、絶対に笑うなよ、H男！　もう本番いってもいいか？　みんなも真剣な顔しろよ。いいか、本番ヨーイ！　スタート！」。D男も大声で怒鳴りつけるなど、次第に監督らしい感じになってくる。

「カーット！」「ワーハッハハハ！」。本番中に必死に笑いをこらえていた連中は、D男の声がかかるやいなや吹き出し、ふたたび教室中大騒ぎとなる。シナリオのみでコンテをつくっていないので、実際に現場で撮影しながらカメラワークを決めなければならず撮影も手間どる。その間、再びみながガヤガヤやり出し、またまた私がそれを鎮めるのに怒鳴りちらすことになり、教室はまるで戦場である。

加えて、演技のぎこちなさと台詞のつかえで、笑いとNGの連続に撮影はまったくはかどらず、その日わずか2、3分のシーンを撮り終えぬまま、終業のチャイムが鳴り出す始末となる。クラス単位での映画づくりの難しさをあらためて思い知らされ、クランクインは惨たんたるものとなった。

日曜返上の野外ロケ

必死に拒絶していた洋子役のY子も、スタッフ、キャストの意気込みについに観念。11月13日。クラス全員日曜返上の野外ロケは、心配していたとおり10数名しか集合せず、その日予定していた、洋子の旅立ちを見送る駅でのシーンの撮影は中止となる。

スタッフの連中に、担任としての私の甘さを叱られる始末となった。急きょ予定変更、哲役のG男のアルバイトシーンの撮影となる。雪のちらつくなか、工事現場探しにスタッフとともに駆けまわり、無事現場の作業員たちの協力で撮影終了。その日スタッフにつつかれた私は、翌朝、さっそく教室の窓ガラスが割れんばかりの声を張り上げ、カミナリを落とすことになった。

「昨日の撮影、S夫君とA夫君カッコいがったよ、先生も乗り気でさ。でもこの頃の先生って怒ってばかり。大声を出すことで欲求不満を満たしているみたいですね。今日のクラス合宿もおだやかにいけばいいけど。鉄の手が飛んで来るんでねえが、みんな、きょうだけはおとなしくしているびゃの……」（日刊マイウエイ第87号）

＜シーンNO・34――放課後の教室＞

・クラスリーダーの城太が、吉田、重井、広美、純子、雪子たちと何かを計画している。

「それじゃ3－6の新しい出発のため、クラスキャンプを実行できるよう、どんなことがあっても頑張り通すこと、ここに固く誓ってコーラで乾杯しよう！」（城太）

「それじゃ、俺たちの友情と3－6の新しい出発を祝って、乾杯！」（城太）

「乾杯！」（一同）

「オイ、重井！　あれ、いま発表しろよ」（城太、重井をうながす）

「何？　何なの、重井君？」（広美）

「重井がさ、クラスのためにって学級歌をつくってくれたんだぜ」（吉田）

「えっ本当、重井君！　ステキだわ！」（純子）

「ねっ、ぜひ聞かせて、重井君！」（雪子）

「オイ、やれよ」（城太）

「やれよ！　重井」（吉田）

・重井、照れくさそうにギターを弾いて、自作の学級歌を歌い出す。

・聞き入っている仲間たち。

11月18日。わがクラス最後の行事であるクラス合宿も、大半を映画の撮影にあてて実施された。私は再度、何がなんでも卒業までには、全員一丸となって、クラス活動の総決算として必ず大作を完成させ、全校に漂う無気力と就職クラスに対する偏見を、わがクラスの力で打破すること、またクラスづくりに取り組みながらも挫折しかけている、全校クラスの核たちの励ましとなる映画をつくりあげることを力説した。3分間スピーチ、キャンドルサービス、ラッシュフィルムの上映と、最後の合宿も有意義なものとなり無事終えた。

新聞コンクールV2達成

12月。天候の不順に悩まされながらも、スタッフの意気込みと合宿の成果により、クラスは映画ムード一色となる。LHRでの撮影も全員熱が入りはじめた頃、恒例の生徒会主催の新聞コンクールの時期を迎えることになった。

今年の出版部の活動には、私自身驚くほどであった。なかでも部長であり、また後期HR専任に再選されたS夫の新聞づくりにかける意気込みはすさまじい。2年次とは違い、担任の私がまったくノータッチとなっていた。クラス全体の協力を得て、考査期間中以外は欠かさず発行され、記事の多いときには4～5ページの新聞になるときもあり、その週の特集に加えて、エッセイ、主張、連載小説、詩その他の情報を盛り込んで、内容も充実したものとなっていた。

月曜日発行の「週刊マイウエイ」に加え、火～土曜日には「日刊マイウエイ」も発行され、学級新聞「マイウエイ」は、クラスの仲間たちの「ふれあいの広場」的存在であると同時に、36H

Rの文化創造とあらゆるクラス活動の源泉にもなっていた。

放課後、日曜、昼夜を問わずロケに駆けまわる映画部の活躍に負けじと、新聞コンクールV2をねらっての活発な取り組みにより、「週刊マイウエイ第52号」による参加となった。また心配されていた就職問題もわがクラスは、他のクラスに先がけ年内中に全員内定となり、クラス大喜びのうちに冬休みに突入した。

予定より大幅に遅れていた映画も、毎週日曜日返上の昼夜ロケの続行により、どうにか2分の1を消化し、完成の見通しも立ち始めていた。

＜シーンNO．56――哲のアパート＞
・親代わりの叔父の会社が倒産し、学校をやめることになった哲。デートの途中で、「用事を思い出した」と、出かけていった洋子の帰りを、心配しながら待っている。
「お待たせ……ごめんね、遅くなっちゃって……私、もう不良じゃないよ！」
「洋子！　リンチ受けたのか⁉」（洋子の顔を見て驚く哲）
「平気よこんなこと、しょっちゅうだもん、慣れてんの」（倒れかかる洋子）
・横になり哲に傷の手当てをしてもらっている洋子。
「哲……」「何だ？」（洋子の手に包帯をまきながら）
「……哲が好き……小さい頃からずっと好きだった……だから私……」
「……洋子、おれと一緒に北海道に行こう。先生の友人がやってる牧場で、人手をほしがってるんだって」
「からかってるの」
「冗談でこんなことを言うかよ。２人で北海道でやり直してみよう！」
「……うれしい」（涙が洋子のほほを伝う）

休み中には、主役のY子とG男がスタッフと私のアパートに通いつめ、後半の山場のシーンを撮影。ややラブシーン的要素もあり、G男がさかんに照れてNGの連続となったが、Y子の熱演で何とか終了。映画づくりもいよいよ大詰めとなった。

冬休みは事故・非行もなく無事終え、クラスは再び映画と出版部の最後の仕事である卒業記念誌の取り組みとで、あわただしい毎日となる。出校日数も1カ月しかない厳しいスケジュールとなっていた。

発表が３学期に持ち越されていた、校内新聞コンクールの最優秀賞の栄冠は、再びわがクラスの頭上に輝くことになり、連続V２の偉業達成に、クラス一同大きな喜びにわきかえる。素晴らしい新年のスタートとなり、映画制作の追い込みにも一層熱が入っていく。

宣伝担当のC子がキャッチフレーズを、絵のうまいL子がポスターを作成した。

「36HR自主制作映画卒業記念作品『傷だらけの青春―飛びます』封切り間近！ 緑と花が洪水となって氾濫する美しい惑いに満ちた青春を生きる洋子と哲、奈々と明。それを取り巻くクラスメートたち。揺れ動く青春心理の葛藤を山崎ハコの主題歌に乗せ、あなたに贈る青春賛歌!!
さあ、イジケてないで、シラケてないでともに考えよう！　行動しよう！　36HRが一致団結し、昼夜にめげずロケを貫徹！　青春とは？　生きるとは？　いまここに大公開！　1時間30分の青春感動大巨編」（映画宣伝ポスター）

冬の夜間ロケ

雪のちらつく厳しい冷え込みのなか、震えながらの夜間ロケは寒さが身にしみ、思うように舌が回らずNGの連続となる。

1シーン、2、3分だけの撮影もつい数日がかりになってしまう。10分間だけの充電バッテリーによる照明なので、時間内に撮り終えることがなかなか困難なのだ。それだけにうまく撮り終えたときの喜びは大きい。冷え切った身体で、近くの食堂に飛び込み、みんなでラーメンをすすりながらのスタッフ会議は楽しいものである。いつしかキャンプ、遠足とクラスの思い出話に花が咲き、担任としての喜びを実感するひとときでもある。

しかし、クランクアップを直前にして、大切なフィルムを紛失するという一大ピンチに見舞われてしまった。それは1日だけの約束で、友人教師を通してやっとの思いで借りることができたスナックで撮影したフィルムの1本であった。

それまでにもさまざまなミスの連続に悩まされたが、今度ばかりは私自身も困り果ててしまった。定休日1日だけの約束で借りた以上、もはや店内での撮影は望めない。ついにシナリオの1

部を変更、店外でのロケを余儀なくされてしまう。冷え込みの厳しい冬の夜、半袖を着ての夏場のシーンの撮影はきつい。

＜シーンNO．43――飲み屋街通り＞

・夏休みに、スナックでバイトする奈々を強引に店から連れ出す吉田。

「何しにきたのよ。分かってるわよ。スナックなんかで働いてる私を軽蔑しにきたのね、笑いにきたんでしょう?」

「バカ野郎！」（いきなり奈々の顔を殴りつける吉田）

「何すんのよ！」（ほほを押さえて吉田をにらむ奈々）

「分からないのか！　おれが何しにきたのか君には分からないのか！」（去りかける吉田）

「……ごめん、吉田君！　……ありがとう」（吉田の友情に初めて素直になる奈々）

「……涙をふけよ。（ハンカチを差し出す吉田）キャンプ一緒に行こうな」

・涙に濡れた顔で奈々がうなずいている。

・山崎ハコの『飛びます』の主題歌が流れ始めると、クラスキャンプ、クラス合宿、十和田湖へのクラス遠足など、みんなの笑顔が輝くシーンが次々と映し出されていく。

シラケていたクラスも何とかキャンプに行くことになり、まとまりかけていたが、内緒でスナックでバイトをする奈々を、彼女を慕う明が思わずなぐりつける前半の山場のシーンである。明のコブシが怒りというよりは寒さで震えている。S子とK夫の迫真の演技にスタッフ一同大喜びとなった。紛失したフィルムの撮り直しも、まったく照れることのない2人の熱演により無事完了して一件落着となった。

クランクアップ

1月14日。LHRでの最後の撮影。哲のやさしさと思いやりに、自ら進んでリンチを受け、哲との新しい出発を決意した洋子であったが、哲はその夜あっけなく死んでしまう。クラスは哲の死と洋子の退学問題にぶつかる。そして、洋子を救おうと怒濤のごとく校長室へと押し寄せるクラスメートたち。2年次でのM子の転校のことが、ふと私の脳裏をかすめた。そのとき果たせなかった思いは、いま映画制作という形で実を結ぼうとしている。

＜シーンNO．68——朝の教室＞

・停学が解けた洋子だが、クラスのみんなの前で、自主退学を宣言する。

「……私、学校をやめることにしたの」

「ええっ!?　どうしてだよ」（驚く城太とクラスのみんな）

「あと少しで」卒業じゃないか！」（城太）

「草刈さん、やめないで！」（広美）

「草刈さん、私たちと一緒に卒業まで頑張りましょうよ！」（奈々）

「やめるなよ！　草刈！」（吉田）
「そうだ！　やめるなよ!!」（三郎）
「……このことは、私1人で生まれて初めて一生懸命考えて決めたことなの……哲や先生や、クラスのみんなのやさしさと友情に本当に応えるためにも、学校をやめて、自分1人の力で生きていこうって、夕べ決心したの……ぐらぐらしないような自分になれるまで頑張らなければって……こんな気持ちになれたのも、みんなのおかげよ」
・重井が立ち上がって、「学級歌」を歌い始める。クラスのみんなも、次々と立ち上がって一緒に歌い始める。

Y子の目薬をさしての熱演は、クラス一同の絶賛を浴びる。

1月21日。クランクイン当初、人数が揃わずに最後に残されていた野外ロケ。墓地と駅でのラストシーンも熱気のなかで無事完了。残すはクライマックス、哲の死の1シーンのみとなり、クラス一同大喜びとなった。

1月24日。しかし、喜びもつかの間、ドタン場まで来て再び大ピンチを迎えることになってしまった。3学年全クラスにまたがる男子寮集団喫煙事件により、わがクラスもY夫、G男と2人の停学処分者を出してしまったのだ。主役の相手役であるG男は、28日に予定されていたクライマックスシーンを残したままの自宅謹慎処分となり、万事休止である。処分決定の同夜、学年主任にG男を私のアパートに呼んで厳しく指導する旨をつげ、特別に外出許可をもらってのあわただしい最終ロケとなる。難しいアクションシーンもG男の熱演で無事完了。クラス大感激のなか、卒業試験に向けての準備に入った。

「傷だらけの青春のハイライトシーン、哲がチンピラに刺し殺されるシーンの撮影が昨夜行われました。昨夜の冷え込みはこの冬最高かと思われるぐらいの寒さで、手も足も凍ってしまいそうでした。哲役のG男君、チンピラ役のT男君、D男君の名演技で撮影も無事すみました。ハイライトシーンだけあって、みんなすごい意気込みでした。G男君はいいセーターをトマトケチャップでだいなしにし、あの寒い中、何度も雪の上につっぷして、全身ケイレンを起こしていました。チンピラは最高に似合っていて、最高のできでした。

ハイ、あの寒いなか、K夫君も御苦労さんでした。みなさん！　映画はあともう少しでできますよ！」（日刊マイウエイ第１０９号）

涙の試写会

2月10日。ついに試写会にこぎつける。卒業試験も1週間後に控えていたが、K夫と、処分を終えたG男が私のアパートで頑張りつづけ、ついに完成させたのだ。主題歌とBGMを入れた完成品は、シナリオ段階での私の予想をはるかに上回るできばえで、クラス一同涙と感動の試写会となり大成功である。

私自身、画面を追いながら2度、3度と胸が熱くなり、涙がこみあげる。映画を観て涙を流すほどの感動はほんとうにひさしぶりのことでもあった。

「みんなが頑張って映画ができた。素晴らしい思い出ができた。本当に大変だったけど、いまとなっては本当に大感激です」「とにかく完成してとってもうれしい！　すばらしい！　1つのことをみんなで成しとげることはとっても難しいと思うのです。でも私たちはやりとげたのです。完成された映画もさることながら、私は完成するまでの経過を思うとすばらしいと思うのです」「話だけで終わってしまうんじゃないかと思ってたけど、ここまでやるとは……うちのクラスも捨てたもんじゃないね！　この映画をとおして、人間ヤル気があって努力すれば何でもできるってことが分かったような気がする。いままでそんなふうに思っていなかったけれど。大成功に終わってよかった。バンザイ3－6」（卒業記念誌「マイウエイ」）

試写会後、全校封切り、各クラスLHR時での上映、市内の婦人クラブ学習会での上映、また、青森高教組下北支部で、私のささやかな実践を励まし続けてくれた仲間たちの情熱と協力による、下北教育会館での上映会、また郡内各校での上映運動でも大きな感動を呼び、寄せられた感想文にクラス一同大感激、就職を前にして大きな自信と誇りになった。

「下北の高校生が自主制作した映画！　生徒たちも教師たちも泣いた！　団結と情熱が作りあげた素晴らしい映画！　見よう、学ぼう！　そのエネルギーを！」「信じられない。一つの目標に向かって、こんなにたくさんの生徒たちが活動できるなんて。信じられない！」「画面がきれいだ。それに音楽も素晴らしい。下北にはこんなにきれい（自然の）な所と、ものすごく都会的（?）な所もあるんだなあ！」「演技やセリフだけからみたらぎこちないけど、それよりも何よりも、あのひたむきな姿勢にうたれる。みんな、みんなに見せてやりたい！」「この映画を下北の各高校で上映する運動をしたらどうだろうか。そのときは、私のクラスの生徒をたくさんつれていきたい」「どうして哲（主人公）は最後に……と、いつの間にか自分の生徒のように考えてしまった。感動した！」「学ぶものがものすごく多い。ほとんどの高校教師は『あのバカが……』と考えているか、どうしようもなく手をこまねいているだけでしょう？　実際、私もその一人。父母にもぜひ見せてやりたい」（高教組下北支部教職員映画感想文）

「36ＨＲの映画を観て感じたのは、青春っていいなあ！　高校っていいなあ！　ということだ」「……私は植物人間になりたくない。私はこの手に青春がほしい！　みせかけだけの幸福感だけでなく心から湧いてくる感動がほしい……素晴らしいものを、私は見つめることができ、ありがたいと思っています」「……素晴らしい青春。充実している青春。私は自分の思うままに自分の目的に向かって、正しいと思ったことをやり抜く、そんな人にあこがれます。そんな人になりたい、私自身、私ももう一度青春を見直して、飛んでみよう。ありがとう、36ＨＲの先輩方」「……もしこの映画が、先生に強制されてつくったとしても、最後まで誰1人として欠けることなく仕上げたんだもの、やはり3年6組は、いまのシラケ時代に対抗する、立派な人たちの集まりです」「……あなた方は卒業して就職するわけですが、職場の人たちと協力し、美しい社会人となるこ

とを祈っております」（生徒映画感想文）

その後、思いがけずに新聞報道、地元TV局スタジオ招待と、大きな喜びに包まれたクラスは、「週刊マイウエイ」（第55号・最終号）、「日刊マイウエイ」（第135号）の発行、そしてクラス卒業記念誌「マイウエイ」の発行に取り組み、全員無事卒業を迎えることになった。

おわりに

「私は植物人間にはなりたくない。私はこの手に青春がほしい！」「苦しみや悩みを分かちあえるクラスでありたい」「私も、もう一度青春を見直して、飛んでみよう」……。

シラケ世代と言われる彼らも、充実した青春を願って生きている。いまも昔も若者には変わりがない。時代や彼らの感性が変わっただけである。魂の奥底では、充実した高校生活を渇望している。しかし、青春の感動を望む彼らは、それを手に入れるための苦しみのプロセスを嫌う。苦しみよりは感動をあきらめ楽する道を選び取る。そして、いたずらに否定的・消極的意識を抱くのみで、確実に所有するわずかの可能性すら生かそうともせず、無気力と自堕落、甘えと反抗の泥沼のなかで、本当の自己までも喪失していく……。

そうした彼らに、学校で、教室のなかで青春を共有しあえること、はりつめた意識で、自らの生活を自らの手で創造していける生徒になってほしいと願った私は、担任として何ら理論・方法論もないままに、ただただ強引に理屈抜きで学級活動に2年間追い立ててきた。生徒を変革する以前の問題として、私自身の変革が強く迫られる苦悩の毎日ではあったが、最後はヤル気のある生徒たちの力によって、教師としての自信と喜びを得た私でもある。

最後に、映画について、HR専任のS夫が残した文を掲げて報告を終わりたい。

いつの頃か忘れたけど、うちの担任が、「映画をつくろう。つくろう」とときたま力説する。そんな担任を見て、「またボウズのくせしてホンズねごと（正気でない）」なんて言っていた。それもだんだんエスカレートしてきて、今度は延々とストーリーを話す。「あれ、少しいかれてるよ」。それがなんとシナリオをつくりあげ、われわれに配った。それでもわれわれは、「本当にヤル気なんだべが？　あのハゲ」なんて言わなかったけど、みんなそう思ったに違いない。

「ウソみたい」なんて言いながらも配役が決まり、「やりたぐね、やりたぐねえ」と言いながらもロケが始まった。「本当にできるのだろうか、できたらウソみたいだ」と思いながら……。ほんのちょっと、1分か2分のシーンをLHR1時間たっぷり使って、と言えば聞こえはいいが、実は何のことはない、誰も台詞を覚えてこない。一挙一動に話し声、それを担任がぐだめぐ（怒る）。これだから進まないのは当然、ロケをやろうと英語の授業をつぶしたりもした。

こうして放課後はもちろん、休日も返上してロケが続けられた。ここで最初から最後まで、雪の日も風の日もカメラを回してきたJ子さんに拍手を。またカメラウーマンとともに現場に立ち会った助監督のA子さんにも。彼女たちの努力は、この映画制作にあたっては、絶対に見落とすことはできない。

こうして進められたが、いつも予定どおり順調というわけにもいかなかった。ある晩、某駐車場でチンピラとスケ番との渡り合いをしていたら、40歳ぐらいのオッサンに、「近所迷惑や」とどなられたり、夏休みの場面設定を冬休みに半袖、ランニングパンツで頑張ったり、哲のバイトが夏の新聞配達から冬の土方に変わったり、雪の降る夜、哲が殺されたその日は、この冬一番の冷え込みのなか行われたりもした。あるいはロケが予定していた時間で半分も撮れなかった、こんなことはざらであった。

それよりもなによりも、クラス全体としての協力のなさ。これに代表されるのが、「休日返上の撮影」。この日集まったのクラスの4分の1程度。これでは……。次の日言わずと知れた担任のグダメギ。映画制作もこれまでかと思われたが、われわれ一人ひとりの胸のなかにあったものは、「前に進むのみ、GOING MY WAY」。後戻りすることはできなかった。素晴らしき仲間たち。ロケ再開。クラス全体が映画一色。そして最初のロケから5カ月後、最終ロケ完了。あとは現像を待って仕上げ。

2月10日ついにできた。みんなの映画……3－6の仲間が作りあげた映画。下手くそでも、なまってもいいじゃないか、クラス全体で作りあげた1つの芸術品。これこそ3－6の文化だ。

最初はこんなのできるわけはない。ウソみたい、と思っていたのがだんだんと形になって目の前に現れてくるときのうれしさ、そして完成の喜び。1個の芸術品を観るわれわれの心のなかに、映画としての感動と、みんなで作りあげたという誇り、感激をひしと抱きしめ、いま一度、3－6の仲間たちを思い出す。（卒業記念誌「マイウエイ」）

2　HR活動に教師はどう関わるか

はじめに

HRの形骸化・荒廃がさかんに指摘され、科学としてのHR生活指導の確立が叫ばれている昨今である。「病める高校生」「人格発達のゆがみ」「閉ざされた心と身体」など、多くの否定的なレッテルが2重、3重にもはられ、絶望的な現代高校生観が確立されつつある現状ではあるが、正直なところ、私はそれほど絶望的な状況であるとは考えていない。

いまの高校生をどうとらえるのかという問題は、HR集団づくりを進めていくうえで大切な条件である。しかしそれは、彼ら生徒たちを固定化されたものとして、ただ単に外側から抽象概念的・科学的分析の目だけで、一方通行的に観察できる対象として客観視するのではなく、彼らは眼前に生きた事実として存在すること、そして、その事実を生きた事実としていかにとらえ得るのか、という問題をふまえたうえであろう。

そう考えるとき、やはり私はHR活動に注目せざるを得ないし、またそのためには、彼らにしつこくへばりつきながらも、活動に追い立てざるを得ないのである。自覚されぬままに、その魂の奥深く秘められた彼らの満たされぬ思いは、HR活動のなかで、そしてその流れのなかでしかとらえ得ぬのではないかとも考えるのだ。

そうした観点から、前任校における乏しい実践をもとに、私なりのHR活動の関わり方を述べてみたい。

学級開き

前任校のT高は、度重なる職員会議での討議を経て、2年次からは類型別クラス編成が実施されている。私が2年間受け持ったクラスは、Ⅲ型（就職コース）のクラスで、しかも、1年次の学年会議の席上、生活・学習両面において要注意人物として、つねに話題を提供し続けた男子生徒が集中したクラスであった。

1年次からの持ち上がりの生徒は5名（男子1名、女子4名）だけで、大部分が私にとって新顔の生徒たちばかりであったため、始業式後の学級開きには、彼らの学校観・教師観を打破する意味で、また私のHRづくりに対する意気込みを提示する上で、一大演説をぶつことにした。何事も初対面が肝心であり、私の場合、学級開き、また教科においても、初めて顔を合わせた時期であればあるほど、かなり意識的に、自己のありったけの識見と心情を吐露することに努めるのである。

第1に、彼らが1日の大半を過ごす高校という生活の場を大切にさせなければならない。それはちょっとした意識の変革次第で、楽しく充実した世界に変貌するのであり、そしてその事実を、彼等自身の精神と身体を通して認識させなければならないのである。

HR活動を活発化していく試行錯誤のプロセスにおいて、初めてイジケ・シラケの無気力から立ち上がれるし、そうした生活のなかで徐々にではあるが、自己変革・自己実現が可能なのである。たとえ上から一方的に与えられた集団であろうが、2年6組という共同体のなかで、仲間とともに行動してみること、みんなが何かを1つのチャンネルとして、教室のなかで仲間と共感し合い青春を共有できること、そしてそれが高校生ではあっても生活者として、また1人の人格者としての自己の向上につながり、必ずや自己のパーソナリティーを自分が望む方向へと変革していけるチャンスとなるだろう、と私は考えたのである。

主人公は他の誰でもなく自分なのであり、物事を単に「ヘッドゲーム」で終わらせるのではなく、「イメージを現実化」できる人間に、また校内に漂う就職クラスに対する偏見と無気力ムードを打破するために、学年と最終的には全校の中心となって、HR活動の実践的リーダーシップをとれるクラスになろうということ、また、それは特別な技術・知識よりも自己の積極的・主体的意識にかかっており、「人間やる気になりさえすれば何でもできるのだ」ということを力説したのである。

もちろん、人は誰しも「やる気」だけでは、一流大学や一流企業に入れるわけではない。またちょっと文章を書くのが好きなだけでは流行作家になれるわけでもないし、誰もが社会的成功者になれるわけでもない。しかしながら、「生きる」ということにおいては、自己をしかるべき場所に導いてくれるのは、誰でもなく自分だけなのであり、自分が自分の主人公になることは可能なのである。われわれは、優れた画家が絵筆でもってキャンバスのなかに素晴らしい世界を創造するように、自己の精神と身体を駆使し、自己自身を生活のなかで表現し創造し続けることは、誰もが可能だからである。

班編成

6組は、2年次でのクラス文集「マイウエイNO．1」に生徒が書き残した文によれば、「個性的な人たちばかりで、最初はこのクラスはいったいどうなるんだろう、と心配もありましたけど……」とあるほど、学校、教師に強い反発を抱いている生徒たちばかりで、学年のそうそうたるメンバーの顔合わせとなった。

Ⅲ型クラス担任の共通の悩みは、男子のなかに、リーダーとしての力を持った生徒があまり見あたらぬことであり、かといって、部活動に積極的に参加している生徒が結集しているわけでもなく、学習、運動両面に優れた人物の多くは、他類型に奪われているのが現状であった。12名だけの男子のなかで、唯一人成績優秀で、リーダーとしての資質をもったS夫も、国体選手としてボート部の活動に忙しく、当てにできる存在ではなかった。

そうした状況のなかで、HR活動を活発化するためには、自然発生的な生徒の自主性を重んずるなどと悠長なことは言っておれぬのであり、それは、一見生徒の自主性を尊重したかのような形式的放任主義にすぎず、生徒の無気力ムードを助長するだけである。リーダーが存在しないということは、必然的に私自身がリーダーにならねばならないということであった。

そうしたなかで、2学年団は主任の提案により、各HR担任は年度当初にクラスの特性を生かした思い思いの「クラス経営案」なるものを提出し、学年会議の席上互いに検討、学習し合うことになり、私はそのなかで班活動を中心としたHR経営を目標としていた。班活動といっても私の場合は、普通どこのクラスでも年度当初に組織する係活動であり、全生研、高生研流の班活動と言えるものではなかった。

ＬＨＲ時のＨＲ組織づくりにおいて、私は生徒たちに５つの班を編成することを指示した。企画班、生活班、学習班、レクリエイション班、出版班である（３年ではレクリエイション班をなくし、かわりに映画部をつくる）。

生徒会要請のＨＲ委員やその他議長等のＨＲスタッフもすべて含め、企画班だけにはＨＲスタッフが入ることを条件付け、各々の希望により全員で編成させ、各班には年間経営案を作成させることにした。そして年度当初に各班が企画した１年間の行事、活動は年間のそれぞれの時点において、それを企画した班が中心となってさらに細かな具体案を練り、その原案をＨＲ総会で討議・検討するのである。

素晴らしい企画・原案が提出されていても、その実現と成功はクラス全体の協力なくしては困難であり、実行の段階になると、担任としての強力な援助とアドバイスがなければ挫折しがちであった。特に、出版活動を継続して活動し続けるのは難しく、初期の段階では、私の強烈なバックアップを必要としたのである。クラスづくりに大切なのはＬＨＲであり、その成功は、何らかの資料、原案なくしてはあり得ず、その中心となる企画班には、出版班とともにとくに力を入れたわけである。

生徒にやる気を出させる私の関わり方

「やる気になればなんでもできる」という私の主張を、彼らに行動を通して実証させ、その事実を認識させるためには、クラスのなかで、たとえ1人であれ何らかの行動をイメージしたときには、それが彼らの自己実現の糧となるものならば、担任としてできるだけの援助とアドバイスを惜しまぬという決意を、つねに主張し続けることにしたのである。それには、生徒の変革以前の問題として、私自身の意識変革の苦しみを必然的に伴うのであるが、しかしながら私の主張を生徒たちに認識させるためには、HR総会で提出される企画を実行まで導き、その流れのなかで認識させるしかないのである。「俺たちにできるわけがない」などの否定的、消極的意識を、「やればできるし、その力もあるのだ」という積極的・主体的意識へと変革していくためには、思考・感情の違った個々の生徒たちが、共通の目的意識を掲げた行動への「飛躍」と、そしてその「試行錯誤」の真っ只中で、仲間が1つのことを成し遂げた感激や共感の新しい世界に触れることによって、初めて可能となるのである。そして、それにより自己の意識と世界を拡大し、徐々に自己を変革していけるものと考えている。人は、自己を変革していくプロセスにおいて最も感激的な深い体験をするのではないだろうか？　48名もいるクラスのなかには、必ずやる気とその力を持った生徒がいるのであり、彼らがその他の無気力な生徒たちのためせっかくのやる気までが阻害され、次第に否定的・消極的意識を抱き始め、なしくずしに本物の自己までも喪失してしまうことは絶対に避けなければならない。

また、問題生徒への「対症療法的」生活指導のみに追われて、なんらの活動、行動もうまれず、ドラマも感動もない単調な日常のなかで、生徒たちの自己実現が疎外される状況ばかりが先行するマイナス面だけは、担任として極力避けねばならない。やる気のない無気力な生徒や、いたずらに否定的・消極的意識だけを抱き続け、劣等感にさいなまれている多くの生徒たちに対して、「やる気になれば充実した高校生活がおくれるのだ」という事実を認識させることが必要となる。そして最終的には、行動に至るプロセスにおいて、積極的に他の生徒たちをその行動の流れのなかに巻き込んでいく方法が、HR活動を活発で高度なものに進めていくうえでより効果的、現実的であると考えている。

教師・生徒間の相互理解

しかしながら、生徒にやる気を起こさせるのは現実的にはなかなか困難なのであり、ときとして私自身が彼らの無気力ムードに圧倒されがちにもなる。教師自らの意識変革と、あらゆるチャンスをとらえての生徒たちとのコミュニケーションを通した、相互理解・相互受容を深めていくプロセスを欠いては、絶対不可能である。反面、彼らとの深いコミュニケーションを求めれば求めるほど、そこからいやおうなしに生ずる対立、トラブル、葛藤に直面することにもなる。しかし、HR集団とその活動の質的向上を願う担任としては、生徒たちとの可能な限りのコミュニケーションは不可欠な要素であり、むしろ教師側から積極的に求める姿勢が要求されるのである。

HRづくりを目指すとき、それなりの技術・理論を身につけることは担任としては当然のことではあるが、それ以上に、私と彼らの間に、1個の人間としての信頼関係を確立することがより大切となるのだ。単に技術・理論のみに目を奪われて、それを機械的に操作するだけでは、HR活動は一向に「笛吹けども踊らず」ということにもなるのである。

そうした悩みのなかで、4年前にある知人の紹介で1人の禅の老師に出会えたことは、私にとっては、さまざまな研究集会での学習以上にプラスとなっている。

夏の接心会には、毎年必ず参加させていただいているが、そこでの体験は、教育者の1人でもある私には、深い反省を抱かせずにはおかないものであった。丸1週間、老師への独参以外には、口を聞くことを禁じられ、禅堂では警策と怒声に、また独参では公案に徹底的に自己が否定され、自我の殻がはがされる血みどろの自己との闘いの世界である。

昨年の夏にも参禅したが、最終日の反省会でのことである。禅堂では、われわれに容赦のない警策と怒声を浴びせて鬼と恐れられ、その夏に初めて警策を握ったという若き禅僧が、突然われわれ参禅者の前に両手をつき、畳に頭をこすりつけて、涙ながらに許しを請うたのである。私はその純真な姿に強烈な衝撃と深い感動を覚えずにはおれなかったのである。あらためて人を導くことの心構えとその難しさを思い知らされたのであった。

こうした参禅体験をとおして教えられることは、日頃の生徒に対する私の指導は、いかに管理主義的・形式主義的なものであるかということである。私がもし、真に生徒たちを理解できるとすれば、それは彼らの言動や思考だけではなく、彼らの心の奥に無自覚的に存在しているあらゆるものに対して共感できることなくしては不可能なのではないだろうか、と考えずにはおれないのである。

学級新聞をテコとして

私は生徒たちとの可能な限りのコミュニケーションを確立する手段として、担任1年目以来、HR日誌による方法にも力を入れていたが、生徒同士の横のつながりにはあまりならないものであった。そのため2年次からは生徒同士のコミュニケーションを確立する意味と、また1つの共同体としてのクラスが最低限必要とする機関誌として、学級新聞を発行することに全力を注ぐこととした。担任と生徒、そして生徒間のコミュニケーションが確認できる場の確保と共同体意識の高揚、さらに高次元の目標として、生徒たちの文化的創造力を表現できる場を創りあげること、欲を言えば、クラス活動として生活のなかから高校生文化の創造を願ったのである。それはクラスの仲間同士の「ふれあいの広場」的存在であると同時に、新聞づくりという文化活動をテコとして、あらゆるHR活動の活発化を企図したものであった。

出版班では、毎週月曜日に新聞を発行することになり、創刊号は各班の経営案、前期HR委員・スタッフの抱負、クラス全員による新学期の抱負と私の雑文を載せ、B4版両面刷り15ページにわたる好調なスタートを切って発行された。

私は、考査期間中以外は必ず毎週欠かさず継続して発行することと、最低両面刷り2ページの新聞にするという2つの条件をつけていたが、早くも3号目には記事が集まらないと班長が泣きついてくるようになった。

木曜日までに原稿の回収に走り回り、以後編集、ガリ切りの段階に入るのだが、記事が少なく2ページが埋まらない場合もある。結果、私が徹夜して急きょ穴埋めの原稿を書くことになるのであるが、これではならじと土曜日までには次週の特集テーマを決定し、原稿用紙を作成して帰りのSHRで全員に配布すること、なるべく多くの生徒が投稿するように毎日しつこく呼びかけること、原稿はクラスの生徒ばかりでなく、他のクラスや教員たちにも依頼するように指示し、私自身も、つねにSHR等で原稿の投稿状況を確認し続けたのである。学級新聞は出版班だけでつくるのではなく、記事の提供は全員でするのであり、クラス全体の協力なくしては挫折してしまうからである。

以後どうにか、新聞づくりも次第に軌道に乗り始め、毎週欠かさずに発行され続けることになったのであるが、単に発行するだけではなく、より質の高いものにするためには、担任側からつねに批評を加えることも必要とされた。私自身も時折書きためた雑文を投稿したり、つねにバックアップを続けることにした。そのうちに、力を持った生徒が小説を連載したり、書きためた自作の詩やエッセイを投稿するようになり、「夏休み特集号」と題して、20ページ以上の特大新聞を発行できるまでに定着していった。新聞づくりは学年の教師・生徒間からも評価を受け始め、クラスの自信と誇りになっていったことで、生徒たちのクラスへの所属意識と仲間意識が高まっていったようであった。また文化祭には、「学級新聞展示」という形でクラス参加を果たすことにもなり、校内新聞コンクールへの取り組みにもますます熱が入っていったのである。

T高校では、学級新聞コンクールをテコにHR活動を活発化するという趣旨のもとで、生徒会主催の新聞コンクールが2学期末に実施されていたが、各クラス日頃の活動が見られぬ状況であり、「コンクール用新聞」「個人新聞」という悪評のなかで、例年3年の進学クラスが最優秀賞をさらっていた。わがクラスは、日頃の活動の成果を全校に問うためにと、文才を結集しての取り組みが功を奏し、2年生ながらもその年の最優秀賞に輝くことになった。また、3年次には、力を持った新しいメンバーが出版部に結集し、週刊新聞に加えて日刊新聞（B5版）も発行されることにもなり、恒例のコンクールには再び最優秀賞に輝き、新聞づくりはクラス集団づくりに大きな影響力を持つようになったのである。

学級新聞づくりで得たクラスの自信と誇り、そしてそれによる生徒たちのクラスへの帰属意識の向上によりHR企画部の活動も活発化し、球技大会、体育祭、文化祭、予餞会への積極的クラス参加、また、クラス独自の活動としてのバス遠足、キャンプ、合宿等を経て生徒たちも変容してきていた。その後より質の高い文化活動を目標とし、3年6組総出演による卒業記念8ミリ映画「傷だらけの青春―飛びます」（90分）の制作に取り組み、県下・県外各校の教師・生徒間に大きな感動と共感を呼んだことは、すでに本誌（1978年9月・10月号）を借りて述べたので省略したい。

2年次のスタートから卒業間際まで、しつこく活動に追い立てただけの私であるが、HR活動において発揮された力とその感激を、規律・学習その他の日常的問題にいかにしてつなげていくのかという大きな問題は、今後の私の生活指導における課題としていかねばならないことである。

おわりに

「HR活動をとおしてイメージを現実化できる人間に」という私の考えは、某研究集会において、あまりにも楽観論であると批判された。「現代高校生は行動どころか、イメージすることすらしないのではないだろうか」との指摘であった。イメージ、思考を行動の一部と考えるとき、思考すらできない生徒を相手に、それではHR担任はどう立ち向かえばいいのだろうか。彼らがそれほどまでに病み、心と身体が閉ざされ、人格的に歪んでいるとしたら、精神科医でもない私は絶望的にならざるを得ないのである。

しかしながら他校は知らぬが、現在勤務している僻地の夜間定時制高校を含めて、これまで5年間だけの短い教師経験ではあるが、私が出会った生徒たちの多くは、「ヘッドゲーム」だけは得意であった。「キャンプや遠足にみんなと行きたい」「悩みを分かち合えるクラスでありたい」「充実した高校生活を過ごしたい」……。

頭のなかでは生徒たちの多くはHRに対して、また担任に対して多くの期待を抱いているのである。都市、地方の差こそあれ、多くの生徒たちの思いはみな似たようなものではないだろうか。にもかかわらず、HR活動がなぜ沈滞しているのだろうか。やればできるし、またそれだけの可能性も創造力もある生徒が必ず存在するクラスが、なぜシラケ続けねばならないのだろうか。

「教師はHR活動にいかに関わるか」というのが、編集部から与えられたテーマではあったが、理論としての関わり方には無知な私である。「どう関わるのか」という方法論以前の大きな問題として、「私には関われるのか、また本当にその気があるのか」という基本的姿勢が常に問われるからである。

「人格発達のゆがみ」「閉ざされた心と身体」などの言葉は、生徒に対してより、1個の無力な人間としての私自身に対して、そのまま強く投げ返されるからである。

第3章　学年集団づくりとは

1　学年で取り組んだ文化祭

本校文化祭の現状

全日制K高は文武両道を学校目標とした部活動が伝統的に盛んな学校である。生徒会行事も体育祭、スポーツ大会、クロスカントリーなどのスポーツ行事が多い。しかし、生徒会最大の行事である文化祭は、ここ数年来マンネリ化が避けられずに低迷している。年1度の文化部の発表と3年生によるHR展示が中心となり、他に、前日祭での全校による仮装大会と町内パレード、1、2年生による後日祭での創作ダンスの発表もある。

3年生のHR展示はクイズやカラオケ大会、縁日など、内容・質ともに決して文化的なものとは言えず、エネルギー発散の遊び型に流れ、単なるお祭り広場となっている。校外に発表できるものと自信をもって言える内容ではなく、職員間では、「対外発表はもうやめて校内鑑賞にとどめ、日数も1日ぐらいに減少してはどうか」という案も出されていた。

このレポートは、3学年団が、高校生活最後の文化祭を思い出深い意義のあるものとするために、学年主任の呼びかけにより、担任団とHR室長を中心とした生徒たちが一体となって取り組んだ、「空き缶壁画」と「ビデオ映画」の制作を中心とした報告である。

学年集団の歩み

入学早々のHRリーダー研修会（1泊2日）と夏休みキャンプ（2泊3日）、HR対抗綱引き大会・応援合戦（合同ＬＨＲ）、広島への修学旅行、学年集会時のクラス代表スピーチなど、独自の活動が他学年に比較して多く実施された学年である。学年会議の席場でも活発に意見が交わされ、職員室でも話題も多く、冗談が飛び交い明るくにぎやかな雰囲気の学年団であった。

３年に進級した結団式の宴会での席上、学年主任とＳ先生が、「今年のＫ高祭には学年として取り組みたい。いまの学年は何かできそうだ」と、大いに盛り上がり、後日、ＬＨＲ企画や行事担当の私に相談があった。私とＳ先生が中心となって、何か企画してくれないかというのだ。私自身、高校生活最後の文化祭には、クラス集団で文化祭にふさわしい内容と価値のあるものに取り組ませたいと考えてはいたが、学年集団としての取り組みまでは思ってもいなかったので、正直難しいと感じた。しかし、Ｋ高祭を変革するためには、クラス集団よりは学年集団で取り組んだほうがより効果的である、と思い直すことにした。

学年集団で取り組む

５月９日（水）学年会議。学年主任から担任団に対して、「今度のＫ高祭に学年で取り組みたい。後藤先生とＳ先生中心で企画し、みんなでそれを実現したいと思うがどうか」と正式に提案された。特に反対するものもなく、心よく支持される。内容に関しては私とＳ先生に一任となり、中間考査が終わり次第、具体的な活動に入ることを確認し合った。

５月28日（月）学年集会。学年教師集団を代表して私が、「今年度のＫ高祭は、わが３学年が中心となり大いに盛り上げたい。そのためにも学年集団として取り組み、内容・質ともに文化祭にふさわしいものを追求し、これまでのK高祭のマンネリをわが学年の力で打破しよう」と呼びかけ、「目的実現のためには、教師集団もできる限りの援助を惜しまない。高校生活最後のK高祭に燃えて、２学期からの進路達成に向かって頑張ろう」と、生徒たちの意欲を大いに喚起した。

放課後にさっそく各クラスの室長を招集して、第１回室長会議をもつ。S先生と２人で、全国の高校におけるさまざまな事例を紹介してみんなで検討し合う。数年前に同地区のN高で取り組んだ空き缶壁画の話題も飛び出すなど、彼等も大いにやる気を見せる。彼等も何かに挑戦してみたい思いにかられていたのである。「マンネリ化したK高祭を変革するためにみんなの力を借りたい、質の高い文化を創造しよう。担任団はそのための援助・助言はいくらでもする。みんなで頑張れば他校に負けないものが必ずできる」と強調。次回のLHRには検討資料を用意して、K高祭に関する意見を、各HRにアンケート形式で聞いてみることに決定した。１回目の検討資料は、私とS先生で用意することにして、室長たちを大いに激励する。

５月30日（水）学年会議。第１回室長会議の内容と、次回LHRでのK高祭アンケート資料の内容を報告。担任団にも、高文研の「文化祭企画」による全国各校での実践例を紹介すると、空き缶壁画には大いに乗り気となった。

６月１日（金）LHR。「君は高校生活最後のK高祭に燃え尽きることができるか！」という見出しで、LHR検討資料として、「K高祭学年速報第１号」を、室長を通して全員に配布し、それをたたき台にして各クラスに検討してもらうことにした。

共通テーマの挫折

6月4日（月）第2回室長会議。各クラスの討議によるアンケートの結果はだいたい予想通りで、室長にとっては最初の試練となるものであった。今年も例年通りで、各クラスとも自由なテーマで取り組みたいとのこと。一部生徒の賛成はあったのだが、全体の賛成は得られなかったのである。残念ながらLHR資料で紹介した企画に取り組みたいというクラスはなかったのだ。しかし、学年共通のテーマで各HR展示に取り組むというねらいの企画はつぶれはしたが、室長たちは学年で絶対何かに取り組みたいと意欲満々である。

「各クラスから実行委員を出して、空き缶壁画とビデオ映画の制作に、学年集団で取り組もう」「3学年でお祭り広場を校庭で企画したい」「後日祭の1、2年による創作ダンスに、3学年の混合チームで出場するのもおもしろい」など、夢がどんどん膨らんでいる。私とS先生は、各クラスのHR展示が手薄になることが心配となり、1つの企画だけに絞りたかったのだが、室長たちの意欲が強く、「絶対ビデオと空き缶壁画には取り組みたい」とみんな燃えている。結局彼等の熱意に押されて、2つの企画に挑戦することに決まり、私がビデオ、S先生が空き缶壁画の指導にあたることとなった。8人の室長たちはそれぞれ4人ごとに各担当に分かれ、各クラスから空き缶壁画は3人、ビデオ映画は2人の実行委員を出すことも決定された。矢島が空き缶班の責任者に、内藤がビデオ班の責任者に立候補して大いに意欲をみせる。

私も、「前日祭には、全校仮装大会の各クラス演技が前庭で行われる。校舎の壁面に屋上から空き缶壁画が飾られれば、全校生徒が感動することはまちがいない。絶対この企画は成功する」

と力説し、「学年の取り組みとしてＫ高祭を感動的なものに創造しよう！」と、あらためてみんなを激励した。

６月５日（火）。「Ｋ高祭学年速報第２号」を室長を通して全員に配布。学年速報はこの号から生徒の手に移り、自主的に発行されていった。私は印刷の手伝いをするだけとなったのは、「Ｋ高祭を絶対に成功させたい」という室長たちの強い意欲の表れであり、うれしい成果でもあった。第２回室長会議での検討事項、空き缶壁画とビデオ映画の制作には各クラスから実行委員を出すこと、各ＨＲ展示は内容がダブらないことなどの要望を盛り込んで、各クラスＨＲ展示の内容を決定することにした。

６月６日（水）第３回室長会議。各クラスのＨＲ展示での内容が発表された。結局は全クラスが例年通りの「遊び型」に流れることになったのだが、「質的には中味のある、充実したものになるように頑張ろう」と訴える。「Ｋ高祭学年速報第３号」を発行し、室長会議での決定事項を載せて、空き缶壁画とビデオ映画の実行委員を募集することになった。（６月８日～11日高校総体）

新たな2つの企画

６月12日（火）空き缶壁画担当室長会議。図案や取り組みの進め方について話し合う。文化祭のテーマ「浪漫飛行」にふさわしい図案として、「飛行船」はどうかとの案が出されて全員に支持される。

６月15日（金）ＬＨＲ。各クラスのビデオ班と空き缶班の実行委員が決定される。「Ｋ高祭学年速報第4号」を発行し、空き缶壁画の図案が飛行船に決定したことやビデオ映画のあらすじを報告する。空き缶班は、各クラスの絵の上手な実行委員に図案を描いてもらい、そのなかから、小旗を手にした猫が、飛行船にまたがっているN子の作品が選定された。さっそく、S先生の指導のもとで翌日より作業が開始されていく。S先生が、空き缶壁画制作のキーポイントと言っていた設計図の作成は大いに難航し、学年教師集団の助言によって試行錯誤を重ねてようやく完成。結局は図案を描いてくれたN子に、もう1度大きな方眼紙の上に直接描いてもらい、それに基づいて設計図を作成することになった。

6月20日（水）学年会議。空き缶壁画とビデオ映画の取り組みの経過を報告。空き缶担当委員とS先生が、五所川原市近郊の温泉めぐりをして空き缶を回収していたが、S先生より回収がはかばかしくないことが報告された。担任団も全面的に協力を約束し、朝のSHR時に、各担任から生徒に協力を呼びかけることにした。担任団は、土、日の勤務時間外や放課後の缶洗い作業にも全面的に協力し、地域のゴミ収集所や自宅周辺の各商店から定期的に自家用車で集めてきてくれ、私も愛車のトランクに臭い空き缶を詰め込んで登校することになった。

6月25日（月）学年集会。私のほうから学年の取り組み内容をあらためて報告。「HR展示を含めて質の高い文化を追求して、マンネリ化したK高祭の流れに一石を投じよう！」とあらためて強調し、「空き缶の回収状況が悪く、このままの状況では企画倒れになる」とみんなの協力を強く呼びかける。S先生も私も見通しが甘く、校内の自販機から出る空き缶はサイズがまちまちで、使えるものと使えないものがあることに気づくことが遅れたのだ。また、生徒が具体的に活動を始めてから途中で期末考査が入り、10日間もまったく作業ができなくなるのを念頭に入れておかなかったのも悔やまれた。考査終了時の作業再開ができるまで、いかに目標数の空き缶を集めるかが最大の難関となった。考査1週間前、実行委員たちは期末考査の勉強に打ち込むため、一時作業をストップする。

7月5日（木）期末考査最終日。満を持しての取り組みが再開される。空き缶班もビデオ班も、7月14日（土）の前日祭、15日（日）の一般公開に向かって、生徒・教師一丸となって準備を再開する。私はビデオ班に、S先生は空き缶班にかかり切りとなった。

臭い空き缶集め

空き缶壁画はS先生と責任者の矢島を中心として、他の担任団の力に支えられたことで多くの難問も解決され、日々を追うごとに、生徒の活動も一段と熱を帯びたものになっていった。集められた空き缶は、吐き気を催すほどに悪臭が漂い、選別や洗う作業に苦労するほどの大変な作業となったが、実行委員を中心にビデオ班や一般生徒をも巻き込んでよく頑張ってくれた。

空き缶は1万2000個を目標にしたが、最初の1週間は半分も集まらず、前途多難の状況であった。生徒への呼びかけは、空き缶集めの後半の危機感が生じた頃から効果が表れた。各HR担任や「K高祭学年速報第5号」などを通して、3学年の生徒全員に協力を呼びかけていたが、なかには、テスト勉強そっちのけで、空き缶集めに夢中になっている子どもの姿を見て心配になった父母たちが、生徒以上に熱心に集めてくれたクラスもあったほどである。担任団が一致して生徒に協力を呼びかけたこと、実行委員に危機感が出て、一般生徒や父母たちをも巻き込むことができたことが大きな要因となり、結果的には1万5千個以上の空き缶が集まることになった。

ビデオ班始動

7月5日（木）。1学期末考査終了。ビデオ班集合。私が担当したシナリオを一読後、キャストを決める。主役の映子役は難航したがジャンケンで相川に決まると、他の役は自薦他薦でスムーズに決まった。頑張って完成できれば、かなりおもしろい作品になると感じて全員「やる気」に溢れている。特に責任者の内藤とビデオ班に立候補してきた大杉は意欲満々であった。撮影・編集担当は今井に決まった。今井は私のクラスで放送部員でもあり、クラスでの映画制作が念願であった。「卒業の記念にクラスで映画をつくりたい」と担任の私にもよく語っていたものだ。

放送部ではこれまでビデオ作品を何本か手がけていたが、ドラマの制作は初めてであった。クラスの取り組みで、ビデオ制作が決まらずがっかりしていたのが、学年の企画によって思いがけずに夢が実現することになり張り切っている。一方わがクラスの展示でも、クイズ番組用のビデオを制作することになり、今井はその仕事も担当することになり、腕の見せどころとなった。「これまでの自分の作品で最高のものにしたい」と構想をいろいろと熱く語り出す。いよいよビデオ班も空き缶班に負けじと行動を開始したのである。

クランクイン

7月6日（金）。『あぶねんた刑事─純情派』クランクイン。待ちかねた放課後、私の車に機材を積み込んで、スタッフと近くのロケ現場に直行する。

＜シーンNO．7＞タカ（内藤）とユウジ（大杉）の2人の刑事とチンピラの麻薬取引現場の撮影である。初日のためかNGの連続となり、2時間かかって予定のシーンを取り終えぬうちに日が傾き、暗くなり始めたので中止。急いで学校に戻ってさっそく撮影したシーンをみんなで鑑賞する。内藤と大杉がネクタイとスーツ姿でかっこよく決めたシーンに歓声が沸き、「このビデオは絶対に完成させる」と興奮している。撮影担当の今井も自分で決めたカメラアングルなどに大いに満足し、その場で次回の撮影スケジュールを立てる。

ビデオ班の男子メンバーは、大部分が汽車通生であり時間も限られる。撮影時間は平日は放課後しかなく、土、日でどれだけ撮影できるかが勝負である。加えて部活の遠征試合で日曜の撮影に参加できないものもあり、前途多難のスタートとなった。

7月8日（日）。＜シーンNO．35＞悪の組織「金星会」事務所に乗り込む刑事たち。特別に校長室を借りての撮影となる。空き缶班もS先生を中心に、各担任も応援にかけつけている。日曜出校に誰も文句を言わず、みんな楽しそうに作業に励んでいる。

ビデオ班も朝早くから夜遅くまで自分の出番が来るまで待機している。マイクや照明の仕事など雑用も結構あり、スタッフが一体とならなければビデオは完成しないのだ。昼休み、学校近くの食堂でラーメンをすすりながら、撮影スケジュールやカメラアングル、カット割りなどを検討する。これまで全く会話もしたこともない普通科と商業科の生徒たちが一緒に食事をしながら、親しそうに互いの進路のことなどを話し合ったりしている。

夕方になって、陸上部と卓球部の遠征に行っていた生徒たちも駆けつけた。「自分の出番はないが、心配で様子を見に来た」と聞いて、あらためて彼等の意気込みを感じる。日曜日は、平日と比べて時間を気にせず撮影に打ち込めるが、時間はあっという間に過ぎ去る。だが、みんなの意気込みで予定された以上のシーンを撮り終え、見通しも明るい。

7月9日（月）学年集会。空き缶班とビデオ班の責任者2人に、取り組みの進捗状況を報告してもらう。ビデオ班は内藤が欠席だったので急きょ大杉の報告となる。「空き缶班もビデオ班も、共に夜遅くまで頑張っている。みんなも各クラス展示や仮装大会の取り組みも頑張って、K高祭を絶対成功させよう！」と、矢島と大杉が壇上から力強く呼びかけた。

時間との闘い

3学年はK高祭一色となっていた。わがクラスの取り組みも、担任の私と頼みの今井がビデオ制作で駆けずり回っているので、空き缶班実行委員としても忙しい室長の山田や展示責任者の村木、川口を中心に、自主的に活動している。2年次とは全く違った意欲的な姿は頼もしい限りである。「K高祭学年速報」は第6号でストップし、室長会議や空き缶班の活動を、これまでメイキング用としてカメラで追いかけていた今井も、映画制作のほうに没頭するようになる。期日までの完成を目標に、どちらの班も追い込みに必死であった。

土曜、日曜の頑張りがようやく実を結び、1カット、1シーンの積み重ねで、映画も完成に近づき、ますます追い込みにも熱が入っていく。1番の難問は時間との闘いである。平日は放課後だけの撮影となり、学校には夜8時以降の居残りは決して許可されない。加えて主役の刑事の大杉は汽車通生で、夜遅くまでの撮影は不可能であった。最終列車の時間に間に合わないので、撮影終了後に学校から1時間ほどかかるF町まで、私の車で毎晩送り届けることにする。ときには、撮影があまりにも遅くなり、自転車通学の内藤と2人、自転車をトランクに押し込め、遠回りしながら送り届けたこともあった。2人は心の底からビデオづくりを楽しんでおり、車のなかでもいろいろな話題に花が咲く。学校のこと、先生のこと、進路のこと、ビデオのこと……。

どちらかと言えば反抗的な大杉は、学校や教師に対する思いや不満をストレートに語る。大杉は1年次には私のクラスだった生徒である。行事の取り組みでは毎回彼に助けられたものだ。高校に入学して極端に成績が低下し、ラグビーの部活動もすぐやめていた。せっかくのリーダー性も発揮されぬまま帰宅部でくすぶっていたのが、心機一転、2年次の後期生徒会会長に立候補したが見事に落選。そんな大杉は高校生活最後の思い出づくりに、K高祭のビデオ企画に飛び込んできたのだ。「先生、このビデオは絶対成功させたい。当日は大型テレビにスピーカーを接続したい。友だちに交渉してみる」などと熱っぽく語る。

2度目の失敗

撮影・編集担当の今井は、さすがに放送部員だけあってなかなかカメラアングルにはうるさくこだわる。時間に追われて完成をあせる私が、適当なところで妥協してもガンとして納得せず、そのため結構時間を要するのだ。今井の将来の希望は、テレビ関係の仕事に就くことである。「編集には最低3日間は必要です。そのため、撮影は何としても11日（水）までには完了させたい」という。主役の映子と元彼役の安浦刑事との問題の「くさい」シーンも、またチンピラと2人の刑事たちの市内での追跡シーンもようやく取り終え、スタッフ一同大いに感激し、完成も目前だ。残すは、つなぎのカットの撮影と学年の先生方全員の特別出演の撮影だけとなった。

主任をはじめとする3学年の担任全員の出演は生徒たちの希望であり、先生方も出演を快諾していた。31HR担任で主婦でもあるK先生は、帰宅後自宅近くのスーパーでの撮影である。電話で買い物の時間を確認し、車で駆けつける。スーパーで子ども連れで買い物をしているK先生に、2人の刑事が聞き込みする1カットだけのシーンを、3度も取り直すほどの熱の入れようだ。他の担任たちも空き時間を利用し、私の車に乗せて思い思いの場所での撮影となる。空き缶担当のS先生は、作業場となった屋上での撮影となる。空き缶壁画の取り組みを、主役の映子と安浦刑事の高校時代の回想シーンに使用することになっていた。ついに屋上からぶらさげる段階までこぎ着け、針金通しが完成した壁画を前にみんなで喜びの万歳を叫んでいるシーンだ。図案を描いたN子は、喜びのあまり何度も飛び上がって叫んでいる。

7月12日（木）スポーツ大会2日目。予定通りにクランクアップし、ビデオ班も互いにライバルとして各クラスの名誉をかけて戦っている。私のクラスでは女子のバレーが順調に勝ち進み、「今日の準決勝で、1番の強敵である商業科チームに勝てれば優勝は間違いない。先生、今日は胴上げだよ！」と興奮している。私はクランクアップした安堵感とスポーツ大会での女子バレーの善戦ぶりに大いに満足し、スポーツ大会とクラス展示の準備に頑張るようにクラスのみんなを激励した。

ＳＨＲ後、編集担当の今井が暗い顔つきで「先生ＮＧです……」と元気がない。「先日撮影した大切なシーンがみんな映っていませんでした。撮影前に鑑賞したテープをそのままにして、その上にかさね撮りをしてしまったんです」と聞いて驚く。１番大切なシーンが３カ所全部消えてしまっていたのである。

実は先日も同じ失敗をして取り直しをしたばかりで、再び同じ失敗を繰り返した今井はしょんぼりするばかりだ。実際、今井は連日の撮影終了後、帰宅してからも夜遅くまでの編集となり疲れがたまっていたのだ。私は、叱りたい気持ちをぐっと押さえ、「何とかみんなを説得し今日中に取り直そう。そのための準備は怠るな」と、指示を与えて体育館に向かった。体育館では、ビデオ班の連中も選手として各クラスの命運をかけて頑張っている。内藤と大杉、橋場と大谷、相川たちの関係生徒を呼び集め事情を説明。彼等は一言の文句も言わずこころよく承諾し、さっそくその日の放課後の取り直しが決まる。わがクラスはその日２－１で相手チームに辛勝し、私は予想通りに胴上げとなったが、頭のなかは優勝の喜びよりはビデオのことでいっぱいであった。

放課後、スポーツ大会で疲れ切った身体で、カンカン照りの暑いなか、市内を再び駆けずり回る刑事たちの追跡シーンも無事完了。その後学校にとって返して、入れ替わりに映子と安浦刑事役の相川と大谷の２人を乗せて、市内の公園と行きつけの喫茶店を借りての撮影。いずれも２度目なのでスムーズに終了し、一同大感激となる。「今井の失敗のおかげでかえってよいカットが撮れた」と、恐縮する今井をみんなで慰めている。

今井は、撮影が終わると放送室での編集作業に入るのだが、夜8時以降は校内での居残りは許可されない。苦肉の策として、私が放送部の顧問に頼み込み、借り出した編集機材を車に積み込んで、今井とともに家まで送り届けることにした。翌朝にはその機材を持ち帰ることを条件にしての特別許可であった。私が大杉を送っていることを知っていた今井は、私の身体を心配して遠慮したが、それ以外に打つ手はないことを知り、残された12日（木）13日（金）14日（土）の夜を徹夜で編集にあたることになった。

翌朝、今井からの電話。「母が車で送ってくれることになったので、今朝の迎えは必要ありません。これから毎日母が送ってくれるので心配はいりません。絶対完成させるので、先生安心してください」と聞いて安堵する。今井ばかりでなく、実際に生徒たちはよく頑張ってくれた。責任者の内藤は、衣装をシーンごとに取り替えるほどの熱の入れようで、彼らはビデオ班の一員であると同時にクラスの室長でもあり、生徒会の役員でもあった。安浦刑事役の大谷は生徒会長でもあり、K高祭実行委員長としてスケジュールは超多忙であった。空き缶壁画やビデオ映画の制作以外にも、暇を見つけてはHR展示や仮装大会の取り組みを指揮しながら、休む暇もなく大車輪の活躍をしているのである。

最上級生としての誇り

7月14日（土）前日祭。「仮装大会の当日までには、何としても完成したい」と生徒と教師が一丸となって取り組んだ空き缶班は、前日祭1日前に余裕をもって完成にこぎつけた。屋上を作業場にして、空き缶に針金を通していく作業あたりから、自分たちの努力が目に見える形で結実していく実感に、徐々に生徒たちは盛り上がっていく。針金を通してつながれた空き缶をぶら下げる作業が完成した段階で、生徒たちの喜びは爆発し泣き出す生徒もいたほどだ。

図案を描いたN子も感極まって泣いている。N子は2年のとき不登校になったこともあったが、この取り組みを通してしっかりと自分を取り戻したようである。

「17年と11カ月生きてきて、あんなに気持ちが良かったのはたぶん初めて。絵柄が、私が考えたのに決まったときは、こんな絵でほんとに良かったのかなーとか考えたけど、できあがったときには、我ながらこれ以上のピッタリの絵はないと思った。

きっと赤ちゃんが生まれたときと同じくらいの感動！」（N子）

「初めての挑戦なので、できるかどうか分からなかったが、完成できたときの喜びは、つくった人でないと分からないほど、感激した。でも、ここまでたどり着くには、多くの苦労があった。まず、なかなか空き缶が集まらなかったこと。そして、空き缶を洗うのもまた一苦労であった。でも、楽しいこともあった。一番心に残ったのは、S先生と委員たちとで、空き缶を集めにまわったことだ。

高校生活の中で、最高の思い出ができました。空き缶委員のみんな、本当に、どうもありがとう。」（責任者・矢島）

生徒・教師が一体となりながら、３学年の総力を結集して完成した空き缶壁画「浪漫飛行」（１２０００個）は、屋上から燦然と輝いて垂れ下がり、彼等は自らの作品を前にして、誇らしげに仮装を披露することができたのである。空き缶壁画担当のS先生も「K高祭学年速報第7号（最終号）」にも、次のように寄せている。

「全体の作業を通じて、生徒たちはよく働いてくれたのはもちろんだが、学年の担任団が非常に協力的だった。空き缶壁画の主担当ではあったが、カンの通し方や固定の仕方など担任団がブレインとして貴重な意見をさずけてくれたので、このように無事に完成できたと思う。生徒と教師が一丸となり、学年全体の取り組みになったことが大きな特徴としてあげられる。

アキカンが壁に1本1本吊り降ろされていく。点が線となり面となっていく。完成の瞬間、興奮が頂点に達していた。訳もなく大声を上げていた。感動の一瞬を記念に写したカメラが空回りだったというオチまでついた。

当分、アキカンを見たくない心境になった。さよならアキカン。いい思い出になったよ」

ビデオついに完成

ビデオ班は仮装大会・町内パレードの終了後、映画会場の設営となる。今井が徹夜で完成し、まだBGMが入っていないビデオを持参。臨時的にカセットテープで音楽を流しての試写会となる。予想以上の完成度にみんな大喜び、感激で涙ぐむ生徒もいる。彼等の予想以上の活躍に私も本当にビデオを見ながら胸が熱くなる。公開当日は多くの人に観てほしいと、大杉、内藤を中心に教室の展示、宣伝活動にも力が入る。宣伝ビラ、絵看板の制作、ポスターづくり、室内装飾などまだまだ仕事はいくらでもあった。今井はその夜、擬音のアフレコ、BGMなどの最後の仕上げを徹夜で頑張り、念願のビデオもついに完成しようやく一般公開にこぎ着けた。

平成2年度K高祭作品。3学年合同制作ゴールデンドラマ「あぶねんた刑事―純情派」(40分)。悪の組織・金星会を追う刑事たち。タカとユウジのずっこけコンビ。そして組織の女・映子と純情派・安浦刑事との再会! 3学年が贈る愛と涙の痛快アクション!! 3学年が一致団結、連日連夜のロケを貫徹しついに完成!! 21HR教室で9:30分より堂々上映!! (映画宣伝ポスター)

7月15日(日)K高祭一般公開。4回の上映は毎回教室がいっぱいとなり大好評であった。主任をはじめ学年の担任団も大いに評価してくれ、ビデオ班一同大満足となる。

「苦労の連続であったが、素晴らしい作品ができたと思う。始めは、ちょっとだらけてやったこともあったが、クランクアップが近づくにつれて、みんなの瞳は、このビデオを絶対完成するんだという気持ちで、演技にも力が入っていったようだ。
この企画の成功は、Ｋ高に大きな変化を与えたと思う。来年、後輩たちがまたこんなビデオを制作してくれることを祈る」（大杉）
「ビデオ映画づくり。それは我々に大きなロマンを呼び起こし、ベルリンの壁よりも高く、ナイル川を１人で横断した、そんな未知の世界だった。高校生活で最もよい思い出になった気がする。汗、鼻水を流しながらも、みんな一人ひとり明日へのステップのために頑張ったことがステキに思える。ＭＲ．Ｇの努力も大きかったと思う。一言で言うと、楽しかった全開にっ！」（責任者・内藤）
「『栄光への道』７月５日。ビデオドラマ制作班が呼ばれて出演者を決めた。７月６日撮影開始。７月12日撮影終了、編集開始。７月13日、ぼくのミスで前に撮った部分が消え、取り直し、はじめから編集。７月14日、画像、音声の編集が終わる。家に帰り、ＢＧＭ、擬声音の録音、ミックスが終わる。15日午前３時35分、３年映画班制作『あぶねんた刑事―純情派』完成!!
映画の上映が終わってみなさんに一言。この映画に限らず映画は最後まで観てほしいと思う。今回自分が編集したから言うのではないが、ほんとの最後にたった一度名前が出るだけである。それはいいとして、作り終えた感想は、「眠い!!」「やっとできた!!」そして、映画の出来は、ぼくが評価するのではなく、お客さんが評価するのである。結果は、言うまでもなく、21ＨＲの会場に観にきてくれた人の数、そして笑いである。出演者のみなさん、ほんとうにおつかれさまでした」（撮影・編集・今井）

生徒にロマンを語れる教師集団に

私たち3学年団はこの2つの取り組みを通して、生徒たちの新たな一面を発見することができた。臭い空き缶の回収や洗う作業、1カット、1カット、時間をかけて根気よく地道に取り組む撮影や編集作業の連続を通して、予想以上の彼等の意欲や創造力などの内に秘めた力を確認することができたのだ。K高祭という文化的な行事に学年集団として取り組み、作品の内容も期待以上のものとなったことは、学年団として大いに評価し、生徒をあらためて見直すこともできたのである。

3年間多くの行事を学年教師団が一致協力してやってきたことで、私自身1担任として学ぶことが多かったと思う。生徒たちが生きいきとHR活動や行事等に取り組めるためには、何よりも指導する教師集団が、自分の夢やロマンを生きいきと生徒に語れることの必要性を、実践的に学んだ取り組みとなった。

2月8日（金）予餞会。3学年教師集団はK高祭で確認した結束力を、生徒の卒業を祝う予餞会の取り組みの過程で、再び確認し合うことになった。

歌と芝居とダンス、そして構成詩「卒業」群読によるミュージカル「ザ津軽」に、合宿して励んだ練習の成果は見事に結実し、卒業生に大きな感動を呼ぶことができた。それは、K高祭の取り組みで、我々教師集団に期待以上の働きをみせてくれた生徒たちに対する、学年教師集団としての最後の贈り物であり、同時に学年教師集団としての成長の証でもあった。

2　生徒と楽しく遊ぶなかから文化が生まれる

文化祭に学年集団で取り組む

西北五津軽地方から生徒が通うK高校は、伝統的に部活動が盛んな学校だが、4年前に県の進学向上対策事業の指定校になったことから、年々受験教育にも力を入れ、進学向上を目標に邁進している県立高校である。教師は、進学課外授業や部活動の指導に忙殺され、文化祭や予餞会などの文化的行事は生徒に任せきりとなるため、文化的質・内容の低下は否定できない。7月に実施されるK高祭は、文化部の発表と3年HR展示が中心となるが、展示内容は例年クイズやカラオケ、縁日などの遊び型で、教室は単なるエネルギー発散のお祭り広場と化している。

90年度K高祭。クラスで何か文化祭らしい展示に取り組ませたいと考えていたが、学年主任の発案から、思い切って学年集団で取り組むことに決意した。本校初の空き缶壁画「浪漫飛行」（1万2000個）と、学年主任以下担任団総出演によるビデオ映画「あぶねんた刑事―純情派」（40分）の制作である。

7月10日（火）。8日間という厳しいスケジュールにもかかわらず、生徒たちの奮闘と担任団の積極的な協力で撮影も快調に進み、残すは「竜二の死」のみとなった。

＜シーンNO．28＞自らリンチを受けて組織を抜けた竜二（38HR）であったが、あっけなく死んでしまう。悪の組織「金星会」（会長・学年主任）の幹部A（38HR担任）と幹部B（34HR担任）に無情にも刺された竜二が、血だらけの両手にコーラの缶を握りしめ、公園のベンチで待つ映子（37ＨＲ）のところへ必死にたどり着こうとしながらも、力尽きて死んでしまうクライマックスシーンである。

幹部Ａ役のＯ先生は、この日奥さんが出張のため、1歳半の息子を子守しながらの撮影となる。泣きながら父親にしがみついて離れようとしない子どもを、慣れない女生徒たちがあやしながらの撮影はＮＧの連続となる。子どもが泣きやむまで、パンとジュースで小休止。何とか子どもをなだめすかして撮影再開。役づくりに凝りにこった幹部Ｂ役のＳ先生は、書道の先生に頼み込んで背中一面に刺青「魂」を書いてもらい、両肌脱いでの熱演となる。Ｏ、Ｓ両先生の「怪演」と竜二役のＹ男の迫真の演技でついにクランクアップとなりスタッフ一同大喜びとなった。

7月14日（土）前日祭。仮装大会当日までに、生徒・教師が一体となって取り組んだ「空き缶壁画」（12000個）は、予定より1日早い完成となった。針金で空き缶をつなぐ作業あたりから、生徒たちは連日の努力が結実していく実感に徐々に盛り上がり、屋上からぶら下げる作業が完了した段階で感動が爆発、感極まって泣き出す生徒たちも見られた。Ｎ子もまたその1人であった。

高校生活最後の文化祭で空き缶委員に立候補し、自ら描いた図案が、自分の眼前で、縦8Ｍ、横12Ｍの大壁画に見事生まれ変わった瞬間、担任と抱き合って喜んでいたＮ子は、「赤ちゃんが生まれたときと同じくらいの感動」と「3学年文化祭速報第7号（最終号）」に書き残している。

家出、そして登校拒否。悩み多き高校生活ではあったが、臭い空き缶回収などの一連の作業を通し、Ｎ子は大壁画だけではなく、新たな自分をも生み出していたのかもしれない。3学年の総力を結集して完成した本校初の空き缶壁画は、屋上から燦然と輝いて垂れ下がり、壁画をバックに誇らしげに仮装を披露した彼等は、上位6位を全てを独占、最上級生としての貫禄と実力を後輩たちに見せつけてくれた。

　生徒の予想以上の力と学年教師集団の結束力により、2つの例年にない文化的取り組みは、全校にも大きな感動を呼び大成功に終わった。本校生徒にも、これほど熱意のある真剣な活動ができるのかと、あらためて生徒の力を見直すとともに、学年集団づくりを軸にした「学校づくり」の大切さ、そして、そのための「教師集団づくり」の必要性を、実践的に学ぶことができた取り組みとなった。

自立・再生のスプリングボードに

95年度春。不本意ながら、K高全日制から同校定時制への転任を命じられた。定時制は7年振り、3校目の勤務である。3年の担任と生徒指導部担当で、生徒の遅刻・欠席指導に明け暮れただけの穏やかな定時制生活となったが、中学時代は不登校であったという生徒の多さには、あらためて驚かされた。学力・意欲その他においても多様な生徒からなり、いまや単なる全日制の受け皿と化し、そのため多くの転・編入生を抱えた定時制では、授業づくりやHR・学校づくりが年々難しいものになってきていた。

　84年度予餞会（前任校G高定時制3学年）。この年の予餞会は、高校生活最後の取り組みであることからも、委員長のJ雄や年長のN夫、S男を中心に、みんなやる気満々であった。私も、「取り組みにはK子を巻き込んで、K子をしっかりとクラスで支え、クラス全員の進級を果たすためにも、先生方の心を動かせるだけの中身のあるものにしよう」と呼びかけていた。

K子は、1年の秋に札幌の全日制高校から編入となり、2年には進級したのだが、生活の乱れ・怠学などから2年を進級した形で、せっかく編入できた定時制まで退学になった生徒だった。1年後、再起を誓ったK子は、特別に復学が許されて3学年に編入となったのだが、私のクラスになってからも相変わらず怠学が続いていたのである。

1年次での構成詩「贈る言葉」の群読、2年次での寸劇「名月岩木山」成功の自信から、「今度は少し本格的な芝居に挑戦してみよう」ということになり、K子も丸2週間、遅刻も欠席もせず、クラスのみんなと一緒に熱心に練習に励み、進級への意欲をみせた。

2月28日（金）予餞会。肥たごを担いだG雄（1人兄）と担任（ベゴ）のコミカルなダンスで幕が開き、なまりの強いN夫（おやじ）も、津軽衆の地丸出しでなかなかの好演である。2年次での寸劇では、下ばかり見て恥ずかしそうにしていたS男（かが）や、A子、I子、U子（捨てわらし）の3人も、それぞれ役になり切ってみんなの笑いを誘っていた。なかでも、数珠を手にして首に袈裟をかけた婆様（カミサマ）姿で、よろよろと登場したK子の演技には、爆笑爆笑の連続で生徒も教師も大喜び。わがクラスの津軽弁芝居「おら東京さ行ぐだ」はK子の大活躍で大いに受け、卒業生にとっては最高の贈物となった。

3月20日（水）進級認定会議。私は、K子については特別にレポートを用意して会議に臨んだ。K子の欠席は88日にもなり、無断欠席も多かったことから、私の家庭訪問も36回にも及んでいた。

しかし、K子の進級は、レポートを前もって読んだという学校長の決断で、春休みの出校指導という形で特別に認定されることになり、クラス一同大喜びとなった。

いつも生徒にホンネで語る

87年度予餞会（前任校G高定時制2学年）。「今年のクラス参加はどうする？」と問いかける私に、「文化祭だけ頑張れば、予餞会は取り組まなくてもいいって、先生は言ったじゃない！」と、C子とH子が真っ先に反対した。

前年度、わがクラスはC子とH子の企画とシナリオで、ビデオ映画「プッツン刑事」（20分）を完成し、1年生ながら唯一クラス参加を果たし、低迷する予餞会を大いに盛り上げていた。しかし、2年になって、C子とH子、D夫たちの怠学が目立つようになり、文化祭の取り組みをテコにして、何とか3人の立ち直りとクラスの再生を図りたいと考えた私は、H子の言うとおり、確かにそんな約束をしていたのであった。

H子たちの反対でクラス参加を見送り、また他学年からも特に案も出なかったことから、生徒会では、「カラオケ大会」と「ビデオ映画の制作」を企画し、再び各クラスで検討されることになった。委員長のT男が生徒会企画に対する意見を求めると、すかさずH子が反対した。「生徒会のビデオづくりは賛成できない。ビデオをつくるなら、もう1度クラスでつくりたい」と聞いて、クラスのみんなも私も驚く。

だが、再びやる気を出した怠学組の立ち直りとクラスの再生をかけて、何としてもこの取り組みは成功させねばならないと考えた私は、T男やN子そしてK雄の真面目派と、2年になってイジメ、不登校で転入となっていたO男、J雄、F夫の3人組を説得し、シナリオも昨年通りC子たちに任せて、ビデオづくりに取り組むことにした。

しかし、年長のT男とN子の日頃からの心配や助言にも耳を貸さず、反抗的な言動ばかりが目立っていたC子たちの企画は、前年と違って盛り上がりに欠け、心配したとおり、2人は約束の日までにシナリオをつくって来なかったのだ。

万一に備えて、私はすでに自作のシナリオも完成させていたのだが、そのことは伏せて、2人の無責任な態度を厳しく追及し、みんなの前で強く叱りながら、彼らのやる気を再度確認すると、シナリオは私が担当することを承認させた。

何よりも生徒の力を信頼する

2月23日（火）クランクイン。「プッツン刑事2―キョンシーの逆襲」（30分）である。スタートのつまずきで、5日間だけの厳しい日程となるが、2度目でもあり、また、思いがけずにO男（番長）J雄（手下A）F夫（手下B）の転入組が積極的に参加し、役作りにも大いに工夫が見られたことから撮影も順調に進み、クラスは再び映画制作という同じ1つの目標に向かって一丸となっていった。

2月27日（土）クランクアップ。最後に残されていたアクションシーンは、真冬の体育館で寒さに震えながらの撮影となった。

＜シーンNO．33＞

・キョンシーに追いつめられるプッツン刑事・サキ（C子）とタカ（D男）の2人の刑事。

・飛び跳ねながら2人を追うキョンシー（担任）。

・火を吹く2丁の拳銃。

・牙をむき荒れ狂うキョンシー。

・空中に放り投げられる2人の刑事。

・バック転の連続技で跳ね回るキョンシー。

四十路も過ぎて、短身・肥満で80キロを超える私が、NGなしにバック転の連続技を決めたときには、思わず生徒たちから歓声が湧き上がり、われながら自分の体力と若さに感心し、生徒たちにも大いに自慢したものである。

夜10時過ぎても予定の撮影が終わらず、心配したC子の父親が体育館までのぞきに来ていたのにも気づかぬほど、みんなが映画づくりに夢中になっていた。この冬最高の寒さと猛吹雪のなかを、父親も心配して車で迎えに来ていたのだ。「あまりの熱気と迫力に、声をかけるチャンスを失い、30分以上も体育館の入り口で眺めていました」と聞いて私も恐縮する。1年次のように、夜遅くまで映画づくりに夢中になって、生きいきと頑張っている娘の姿と「後で送り届けます」という私の言葉に、C子の父親も安心して帰り、再び追い込みにも熱が入っていった。

ガラス戸の隙間から吹雪が舞い込む体育館でついにクランクアップとなり、喜びの歓声が上がったときには、すでに11時もまわり、うっかり連絡を忘れて代行員のおじさんに叱られるというオチまでついた。誰もいない真夜中の職員室で、前年同様に年長のN子が差し入れたカップラーメンをすすり、冷え切った身体を温めてみんなで記念写真の撮影となる。猛吹雪のなかを、D夫はN子の車で、O男、J雄、F夫はT男の車で、C子とH子、K雄は私の車でそれぞれ送り届け、父母たちにあいさつをしてわが家にたどり着いたときには、すでに深夜1時をまわっていた。心地よい疲れのなかにも、私は担任としての喜びをかみしめながら編集作業に着手した。

教室のなかで田植えを体験する

93年度K高祭。本校2度目のクラス担任となった31HRは、進学クラスである。「勉強しか能のないクラスと言われるな！」という私の口癖からか、彼等もまた行事には勉強以上に燃える。体育祭「担任変身の部」2年連続優勝。スポーツ大会女子ソフトボール優勝などの上位入賞も多い。何よりも、校内漢字テストでは、2年次から2年間連続20回第1位獲得の金字塔を打ち立てるなど団結力もある。

6月17日（木）クラス総会。学年担任団が提案した「学年統一テーマ」の企画は、今回も各クラスから一蹴されていた。わがクラスだけでも文化的な取り組みをさせたいと考えた私は、「コメ」をテーマにしたHR展示を提案した。「コメでは全然盛り上がらない。お客は絶対来ない」と決めつける彼等に私の提案は当然拒否された。

6月28日（月）LHR。クラス展示の決定を気にかけながら、顧問である弓道部の東北大会遠征から戻ると、意外にもテーマは、私が提案した「コメ」に決まったと聞いて驚く。結局は、カラオケ・縁日の他にいいアイデアも思いつかなかったのだ。私は、あらためてみんなのやる気を確認し、放課後さっそく班長会を招集する。班長会では次のように企画がまとまり、係班が決められた。

①「今、米を考える」というテーマで、コメの問題を歴史、文化、宗教、政治、経済、生活、食物、栄養等の多元的視点から考える。

②展示資料は、単に文字だけによらず、イラスト、グラフ、写真、絵看板、ビデオなどにより、できるだけ視覚に訴える。

③資料は、『井上ひさしのコメ講座』（岩波ブックレット）と『ライスブック』（別冊宝島）から引用する。（1斑）

④教室のなかに「田んぼ」をつくる。（2班）

⑤「モチつき大会」を実施する。（3班）

⑥地元の夏祭り「虫送り」を再現する。（4班）

⑦「縁日」と「カラオケ大会」も企画し、大人も子どもも楽しめるものにする。（5・6班）

自分の成長と生き方に関わる勉強を

私は、2年次から朝のSHRで、新聞の社説や論壇、各社の新書本や文庫本、ブックレットなど、生徒に読んでほしい本の数ページをプリントに刷り、全員に配布して「読み聞かせ」を続けていた。生徒の学習意識を高めるためのささやかな実践だが、それはまた、彼等に少しでも社会的問題にも目を向けさせ、物事を深く考える力を養ってほしいからだ。

単なる「受験知」や「学校知」の詰め込みではなく、自己の成長や将来の生き方と深く関わる勉強を身につけてほしい、学ぶことの楽しさと、楽しさのなかにも自分が成長していく喜びを実感してほしいという、担任としての願いからでもある。

3年次の1学期までには、かなり多くの本や新聞記事を紹介し、教室の本棚に並べられた本も200冊以上にもなった。生徒はそれを「後藤文庫」と呼び、「読み聞かせ」用プリントを通して興味を抱いた本は、小論文対策としても自由に借りて読んでいる。

私が担当する英語の授業でも、自主教材として『天声人語』(英語版)を読み、米や農業の学習を重ねるなど、生徒たちは米問題に関してはかなりの知識をもっていたことも、この取り組みに至った要因となっている。

7月8日(木) 1学期末考査終了。班長を中心に各班準備開始。学年の取り組みである映画のシナリオもようやく完成。さっそくキャストを決めて生徒とともに忙しくロケに走り回る。担任団も昨年以上にやる気満々である。

7月16日(金) 学年の企画である映画のロケから帰ると、私の車を見つけた室長のO夫と「田んぼ」班長のK雄が飛んでくる。「田んぼ」用の土が足りなくなったのだ。隣町に土砂販売会社があると聞いて、休む間もなく2人を車に乗せてさっそく向かった。事情を聞いて、「そんなことならお金はいらない。好きなだけ持っていきなさい」という気前のいい社長さんの言葉に感激して、制服姿のO夫とK雄は、革靴を泥だらけにしながら肥料用の袋に大喜びで黒土を詰め込んでいる。

途中、親戚に頼んでおいたモチつき用のウスを借り、学校に飛んで帰ると、いよいよクライマックスの「田植えの儀式」の始まりである。7月末、すでに地域では田植えも終わって、手に入るはずもないとあきらめていた稲の苗を、定時制時代の教え子・農業青年N夫が村中の田んぼを回ってかき集め、黒土と一緒に届けてくれていた。「田んぼ」班長のK雄が慣れた手つきで泥をこね、地ならしをして準備完了、いよいよ「田んぼ」班の女生徒の登場である。農家出身の生徒は多いが、機械化の時代でほとんど田植えの経験はない。しかも教室のなかで本物の田植えを体験することは、彼女たちにとっては新鮮な驚きでもある。泥んこ遊びに興ずる子どものように、喜々として田植えを楽しんでいるのだ。N夫が届けてくれた青々とした稲の苗が、角材とベニヤ板3枚でつくられた「田んぼ」のなかに、整然と植えられていく。

完成した田んぼの周りには「しめ縄」が張られ、4隅に七夕飾りの笹竹を取り付け、みんなで思い思いの願い事を書いた短冊を結ぶ。進学クラスらしく「大学合格祈願」が目立っていたのは言うまでもない。「ぼくらの祖先は、米に豊穣の願いと感謝を込めてきた……」と書かれた「田植え祭」の絵看板を飾って、みんなで記念写真の撮影となる。ジャージー姿や制服姿のわがクラスの「早乙女たち」の泥んこの笑顔が輝いている。

モチつきをしながら「米文化」を語ろう

N夫が苗とともにトラックで運んでくれた、地元の伝統行事「虫送り」で使われる本物の「虫」

を教室のなかに運び込み、祭り班でつくった3体の「ミニ虫」と一緒に飾る。黒板の前に、弓道部から借用した飾り幕を張り、「虫送りの由来」と「稲と農耕儀礼」の資料・絵看板を奉納し、即席の神社もつくられた。A子のアイデアで、「おみくじ」をつくり、神社に張られた「しめ縄」に結んでもらうことにする。また、「田んぼ」用の余った苗は、「体験コーナー」として当日お客さんに植えてもらうことに決まり、試行錯誤の真っ只中から次々と予期せぬアイデアが飛び出してくる。予定通りすべての準備が完了し、クラス一同大喜びのなか、教室の入り口に、31HR展示「今、米を考える」の大絵看板が立てられた。「アメリカが麦の国ならば日本は米の国。米を素材にして、日本とその文化についての固定観念を覆す、新しい発見の旅へ……」。

7月18日（日）K高祭一般公開。わがクラスの展示は「モチつき大会」もあってか、予想に反して押すな押すなの大盛況となった。あまりの客の多さに、急きょウスを教室の窓から運び出し、芝生の上でのモチつき大会となる。浴衣姿の女性軍がつきたてのモチをキナコやアンコでくるんでお客に振る舞う。アッという間に1ウスのモチは売り切れる。自分たちで食べる間もなく大忙しである。先生方も次々と訪れ、評判を聞いて校長、教頭も訪れ、つきたてのモチに舌鼓を打つ。

例年にない固いテーマのHR展示が、生徒の心配をよそに大成功となり、後日祭では、学校長から絶賛される取り組みとなったのである。この年は、その後の思いもかけぬ深刻な大冷害による米の不作、そして米輸入「部分開放」など、日本列島は米の問題で大きく揺れ動き、生徒たちの米への関心はますます高まり、彼等にとってのHR展示「今、米を考える」のテーマは、K高祭の終了後に本当の意味で始まっていったのである。

一つひとつの行事にクラスを越えて取り組む

本校全日制2度目の学年団も、「一人ひとりの生徒を大切にできる学年づくり」をモットーに、一つひとつの行事にクラスを越えて取り組んできた。生徒以上に、担任団が燃えた3年間であったと言えよう。

92年度（2年次）K高祭では、「あぶねんた刑事2—ねらわれた学園」（40分）に、また、93年度（3年次）K高祭では、「あぶねんた刑事3—サキ純情編」（40分）の映画制作に、学年主任以下、全担任団が一丸となって取り組んだ。価値ある取り組みをやり遂げた感動を生徒と共有できたことは、何よりの成果であったと考えている。

2月予餞会。3学年教師集団は生徒の卒業を祝って、ミュージカル「ザ・津軽」に、生徒会館で合宿をしながら再度取り組むことになった。

90年度卒業生に感動を呼んだミュージカル「ザ・津軽」に合宿して取り組んだメンバーの多くが現担任団であり、前作以上の舞台にしようとみんな役づくりに燃える。小道具、衣装、メイキャップと凝りにこって、歌、ダンス、芝居にと、酒を酌み交わしながらの練習が夜遅くまでにぎやかに続く。劇中の圧巻は、教頭先生の特別出演「津軽手踊り」である。着物姿の津軽娘に扮した教頭先生の本格的な手踊りには生徒も教師も圧倒され、爆笑と大歓声の嵐となる。

芝居のフィナーレ、副担任も加えた3学年全教師集団によるダンスによって、生徒の興奮と歓声は頂点に達し、テーマ音楽も聞こえぬほどとなった。私も、教師集団をバックにして得意のバック転を連続で決め、冬休みに密かにビデオで特訓した隠し技、ブレイクダンスの荒技・バックスピンやウインドミルをカッコ良く（太りすぎと息切れとでキレが悪かった）披露した。

学年主任を真ん中にして、教師集団が最後のポーズを決めたときには、アンコールの大合唱となった。舞台暗転。『乾杯』の曲が静かに流れるなか、スポットライトをあびたK先生が、得意のカラオケを音楽のT先生と2部合唱で歌い始める。次々に映し出される思い出のスライド。1枚1枚に湧き上がる歓声。卒業生一人ひとりに語りかけるような構成詩「卒業」の群読と合唱に涙ぐんでいる生徒も多い。

合宿の成果が見事に実ったミュージカル「ザ・津軽2」（30分）は再び卒業生に笑いと涙の感動を巻き起こし、大成功に終わった。

創造的交わりの回復を

95年度K高祭。前述したように、校長との確執から思いがけずに本校定時制に転任を命じられた私は、中学時代には不登校であったという生徒たちとともに、2年ぶりで映画づくりに取り組むことになった。全校生徒22人と教頭以下全教職員の総力を結集して完成、K高祭への定時制参加を果たすことができた。発表した映画「金田一少年の事件簿」（50分）は、全日制生徒・教師にも好評で、K高祭を大いに盛り上げ、また思いがけずに地元新聞にも大きく報道されたことで、わずかではあるが定時制生徒としての自信と誇りにもつながったと思う。

教師生活23年間、やる気のある生徒や教師集団とともに、これまで多くの行事に精力的に取り組んできた。初めて担任したクラスが卒業記念に制作した「傷だらけの青春」（90分）と、最初のＤ高定時制で生徒会中心につくった「泥だらけの青春」（90分）の２本の８ミリ映画を加えて、生徒たちとつくった映画もいつしか８本になっている。

　現在はビデオの時代となり、作風もシリアスな青春ものから軽い刑事、アクションものに変わってはきたが、映画づくりに挑戦する生徒たちの思いは、いまも昔も変わりはない。「軽さ」の時代を生きる彼等も、心の奥底では充実した高校生活と青春の感動を渇望しているのである。

　生徒たちが生きいきと勉強や行事に取り組めるためには、何よりも指導する教師集団が生きいきと輝いてこそ、生徒たちが輝き始めるのであり、生徒と教師が１つの行事に一体となって取り組むなかで、生徒一人ひとりを内側から見つめることが可能になったとき、初めて彼等は私たち教師の前に、次々と新たな姿を見せてくれるのである。そして、そのときこそ、生徒と教師が共に、新しい学校づくりに向かって第一歩を踏み出すことができると考えるのである。

　昨今の能力主義や管理主義一辺倒の教育現場においては、授業づくりであれ行事づくりであれ、生徒と教師の間に「創造的交わりの回復」なくしては、新しい学校づくりは考えられないであろう。

　なぜならば、学校づくりとは、そこで生活する人間同士の豊かな「関係づくり」そのものだと考えるからである。

第4章　不登校・登校拒否・高校中退を克服する

1　保健室登校の克服をめざし予餞会に取り組む

はじめに

全日制K高は文武両道の実現を目標に掲げ、勉強だけでなく部活動にも力を入れた古い歴史と伝統のある学校である。しかし、県の進学向上対策事業校にも指定されてからは、国公立大学への進路達成を目標として、年々受験指導に力を入れるようになっている。従来、放課後の進学課外授業は進学希望者のみであったのが、この年の1年生からは、学年主任の提案で全員強制課外に決まったほどである。そのため、生徒の自由な放課後の活動が阻害されることから、部活動は著しく衰退し始め、相撲、柔道、陸上、バレー、弓道など、毎年校長室をにぎやかに飾ってきた運動部の各種大会の優勝旗が、1本もない年もめずらしくなくなっていた。また、部活動ばかりでなく、生徒会やHR活動などの自治的活動も停滞しがちで、各種生徒会行事等も年々縮小されるようになったことから、文化祭や予餞会などの文化活動は特に内容・質ともに著しく低下してきていた。

演劇部始動

4月。新学期の部活動編成。商業科新入生のT夫は演劇部に入ることになった。この年は、部員ゼロの演劇部に例年になく8名もの入部者があった。2年前、私は前校長との確執から、クラス担任を離れて公務分掌も図書委員会担当になり、また演劇部の顧問が転任したのを機に、K高着任以来長年担当した弓道部顧問も離れ、演劇部の顧問になっていた。放送部とのかけもち部員が2名だけという有名無実の演劇部は、次年度の入部者もゼロだったことから、実質2年間は活動は全くなかったのだが、この年はめずらしく一挙に8名も入部し、演劇部もようやく活動を開始することになったのである。

私自身、それまでクラスの生徒や学年の教師たちとともに、文化祭などで何度か映画の制作に取り組んだ経験はあったが、本格的な演劇の指導に関しては、何の知識も経験もなかった。幸いにもこの春、小学校時代から劇団に所属し、前の高校でも演劇部で活動していたというK男が2学年に転入していた。演技やダンスの指導もできるというK男を満場一致で部長に選出し、私もK男に全幅の信頼を寄せて全権を委任した。他6名の2年の女生徒のうちS子が副部長に選ばれ、演劇部は1学期末に行われる文化祭に向かって、精力的に活動が開始されていったのである。

文化祭に向かって

活動日は進学課外授業のない月、金、土の放課後に決まった。部員は全員張り切って、K男の厳しい要求にも必死に応えながら、楽しそうに練習に励んでいる。ただ1人の1年生部員であるT夫も、発声練習から始まるK男の本格的な演技指導に、尊敬とあこがれの気持ちを抱きながら一生懸命ついていく。体育館のステージの上で、精力的に練習に励む演劇部が、数年ぶりの文化祭参加ということから生徒間に評判を呼び、生徒会顧問や多くの先生方からも期待され注目され始めていた。

私も放課後練習をのぞきに体育館に顔を出しては、みんなを激励していた。K男が張り切ってダンスや演技の指導をしているので、余計な口をはさまず、放課後の練習にだけはできるだけ顔を出しては、部員一人ひとりに声をかけるように努めた。お菓子やジュースを差し入れたり、練習でつい遅くなり最終バスに乗り遅れた生徒を自宅まで送っていくことがたびたびあったが、練習内容や活動方針については、部長のK男や部員たちに全てを任せて裏方に徹していた。7月に実施される文化祭には、K男が用意した台本で参加することに決まり、練習にもますます熱が入っていった。

演劇部空中分解

4月当初から全員熱心に練習を重ねたことで、文化祭に発表予定の演劇はほぼ完成し、3日後にはいよいよ仕上げのため合宿に入るという夜、自宅にK男から電話が入った。

「今度の文化祭には、演劇部として参加できません。自分にはこれ以上活動を続けることはできません。理由はうまく言えませんが、先生からそのことをみんなに伝えてほしいんです」という一方的な内容に驚く。翌日、昼休みにK男を呼んであらためて事情を聞く。「とにかく文化祭には参加できません。もし自分抜きで参加するとしても、自分が用意した台本は使わないでほしい」と繰り返すK男の意志は動かしがたく、全く理解しがたいものではあったが、全権を委任していたK男自身がやる気を失っている以上、顧問の私にもどうすることもできなかった。「とにかく、他の部員との話し合いをきちんともたねばならない」「みんなが納得できるようK男自身の口からきちんと理由を説明することは、部長としての責任である」と説得し、嫌がるK男を叱りつけ、何とか話し合いの約束を取り付けるだけが精一杯となった。

一方的に自分の都合を述べるだけで、なぜか、みんなとの話し合いを避けようとするK男に、半ば強制的に話し合いを持たせたのだが、他の部員にもK男の言い分は、とうてい納得できるものではなかった。しまいには、互いの練習姿勢やK男自身の指導上の問題など非難の応酬となり、話し合いは最後まで平行線のままであった。日頃の活動をすべて生徒任せにし、K男を中心にしてうまくいっているものと安心していた私は、部長と部員同士の間に、いつしか埋めがたい確執が生じていたことを初めて知って驚く。結局は、K男自身にすでにやる気がない以上、文化祭の参加は土壇場で断念せざるを得ないという、残念な結果となってしまったのだ。文化祭まではもはや時間もなく、別の台本での参加は不可能だったからである。幸いなことに、文化祭の「しおり」が印刷前であったことだけが唯一の救いで、生徒会顧問への言い訳も何とか事なきを得たが、大きな不信感と虚脱感に覆われた演劇部は、空中分解の状態となってしまったのである。

文化祭前日祭。校舎前庭では町内パレードを前にして、クラス対抗仮装大会の審査が行われていた。忙しそうに準備に動き回る他の先生方に比べ、何の役割も仕事も無くなり暇をもてあましていた私は、大歓声のなかで全校生徒の拍手喝采を浴びながら、女装姿でダンスを披露しているK男の得意げな姿を、職員室の2階の窓からを複雑な気持ちで眺めていた。

T夫の保健室登校

1学期終業式。今後の活動について、部長のK男も入れて話し合いをもつ。文化祭の参加を一方的な自分の都合で取りやめた上、部長として、2学期からの活動方針についてあれこれと指示する身勝手なK男の態度に腹を立て、その場で2名の女子部員が席をけって退部してしまった。K男は全く部員の信頼を失い孤立した状態で、演劇部は存亡の危機を迎えることになったのである。

「先生大丈夫です。自分1人でも演劇部は続けます。絶対、部はつぶさずに来年に備えますから。見ていてください」と言い張るK男自身は、部長をやめる意志も退部する様子も全くなく、私自身もそんなK男を無視して活動を継続することもできず、そのために演劇部の活動は停止してしまったのだ。

9月。「先生！　T夫君がいま保健室で泣きながら取り乱して大変なの。ちょっと来て助けてくれませんか。お願いします」。突然、養護の先生から相談を受けた。全く予期せぬことだったが、T夫の保健室登校が始まっていたのだ。春に両親が離婚したことや、母親とは別居して父親と暮らしていたことも一因のようであったが、もともと勉強が苦手な上に、部活動という居場所を失ったT夫にとっては、資格検定に追われた商業科の授業や受験中心の学校生活が、とたんに無意味なものになっていったようである。

「授業が全然理解できない。ついていけない。教室には俺の居場所なんてない」「オヤジはただ叱るだけで、俺の気持ちを何も分かろうとしない」「俺なんかもうどうなったっていいんだ！

もうこのままどこかに消えてしまいたい！」など、大きな身体に似合わずぼろぼろ涙をこぼしながら思いの丈を語り続けるT夫は、積極的に演劇の練習に打ち込んでいた1学期での快活な姿とはうって変わって、全く別人のようであった。T夫のクラスで授業を担当していなかった私は、不覚にもこの事態に全く気づかずにいたのだ。養護の先生と相談の上、週に2、3度私も空き時間を利用して面談を続けることにし、授業には出れないが放課後になると部室で1人練習するT夫を、「来年は、お前が部長になって演劇部を立て直せるように頑張ればいい！」と激励し続けた。

そんなある日の放課後、1人で練習に励んでいたT夫が、「久しぶりに登校してきたK男とばったり部室で鉢合わせし、口論になった」と怒りをぶちまける。「部長の許可もなく、勝手に部室で練習するのは許さない！」というK男の身勝手な言動に腹が立ち、それまでは尊敬していた先輩ではあったが、思わず反抗してしまったと怒りで興奮している。

「1人でも演劇部を続ける」と言い張るK男自身も、自分が原因で部活が停滞したことや転入した新しいクラスになじめなかったこともあり、本校転入の原因であった年来の不登校が目立ち始めるようになっていたのだ。私は不登校ぎみのK男のことも気になり、出校したときには廊下で何度か声をかけてはいたが、T夫のように特別に面接し相談にのるということはできずにいた。

K男の両親は早々と転校を考えて、担任や校長の頭越しに再び転校先探しに走り回っているということを耳にし、気になってK男に確かめたりもしてみたが、どうすることもできずにいた。

学校長からの依頼

2学期末考査成績会議。保健室登校で、授業には出られないT夫の進級が問題となった。思いがけず校長室に呼ばれて、校長、教頭から相談を受ける。「K男のことはともかく、T夫を何とか立ち直らせたい」「いまのままでは進級は難しい」「クラス担任も指導しあぐねて、養護の先生に任せっぱなしである」「部活動を通して何とか立ち直れないものか。そのために何とか力を貸してほしい」「K男のことなら気にしなくてもよい。親は学校を無視してすでに転校を考えている」「これからでもT夫が教室に戻れば、校長としてT夫の進級は約束する」というものであった。

「部長のK男との確執の問題もあり、現在演劇部は空中分解の状態で、部活動を通しての指導は難しいと思います。しかし、自分にできるだけのことはしてみます」と引き受けてはみたものの、見通しは全く暗いものであった。部長を降りようとしないK男の問題もあり、演劇部の活動は簡単には復活できそうもなかったからだ。顧問の私が、部長を全く無視して活動を再開することには、私自身少なからず抵抗があったのである。

「いよいよ先生の出番ですよ。T夫君のためにも頑張ってください」と、分掌の仲間にも背中を押されてはいたが、思いあまってK男の担任に相談してみた。「K男はもう転校することになると思います。K男には遠慮することなく、T夫のために先生のやりたいことをやったほうがいいですよ。T夫の保健室登校はK男が原因なんだから」と助言され、とにかくT夫の進級を目標に取り組む決意を固めることにした。

進級に向かって

12月。2学期終業式。放課後、元部員たちを招集して予餞会の取り組みについて相談する。「T夫のために、何とかみんなの力を貸してほしい。できれば今度の予餞会で、T夫を中心にして演劇部として何か取り組みたい」と、4人の2年女子に協力を依頼する。副部長だったS子を除いて、他の3人はすでに簿記部に入部していたのだが、全員快く参加を約束してくれた。さっそくその場で、冬休み中に私が「卒業」をテーマに寸劇の台本を書くこと、副部長のS子が、尾崎豊の『セブンティーンズマップ』の曲で、ダンスを創作することを決定した。T夫自身も大いにやる気をみせ、3学期からは教室に戻ることをみんなに約束して冬休みに入った。

3学期。1月定例職員会議。主な議題は次年度の行事予定についての最終検討である。驚いたことに、全学年団の希望によって予餞会の廃止が決定されてしまったのだ。しかも反対意見は、生徒会顧問以外には、私とM先生だけであった。「3学年にとっては、受験を控えた大切な時期に、予餞会を実施するのははっきり言って迷惑である」という、耳を疑うような言葉すら学年主任の口から飛び出す始末であった。

それぞれの行事を、クラスや全校集団の発展に役立つように主体的に受け止め、できれば教師自身も先頭に立って、生徒と一緒になって取り組むなかで、生徒に自治や交わりの能力を育てるという行事のもつ教育的意義を一顧だにせず、受験指導にマイナスなものはすべて排除しようとする風潮は、本校においても例外ではなかったのである。

「生徒のやる気の問題以前に、肝心の学年教師集団にやる気がなければ、予餞会はできるものではない。しかし、来年度からは廃止になるとしても、今年度の予餞会は予定通り実施するんですよね！」と、私は校長に向き直って強い口調で確認を迫った。実は2月に予定されている今年度の予餞会も中止にし、3学期は受験指導1本に打ち込むということが、先日の運営委員会で決定されたという情報を耳にしていたからだ。M先生も、「生徒会行事を教師側の一方的な思惑で勝手に廃止できるものではない。まず生徒会で話し合わせ、クラスで討議することが大切である」と、強く反対した。学年教師集団のやる気のなさと、生徒の自治活動に対する理解が全くないことに無性に腹が立った私は、校長、教頭の顔を見据えて、「今年の予餞会が中止になれば困るんだよなあ！　いまT夫がようやくやる気を出して、一生懸命頑張っているのになあ!!」と、校長の心情に直接訴える作戦に出ることにした。私の発言の意図に気づいた様子の校長の顔には、困惑した表情がありありと見えたが、「今年度の予餞会については、もう少し考えてみてから結論を出しましょう」と、会議を締めくくった。

翌日の職員朝会。「このことは、一晩中寝ないで考えた結論です」という校長は、「今年度は予定通り実施することにしたい。私としては、これで最後の予餞会にするつもりです」と苦渋の決断を発表し、先生方に同意を求めた。生徒会顧問とM先生、そして私の強い反対で今年度の予餞会は何とか廃止されずに、実施日はセンター試験終了後、また発表は全クラスではなく有志参加にするという条件付きで、どうにか予定通り実施されることになったのである。このことを生徒会顧問とともに大いに喜び、本校最後の予餞会を成功させるために協力を惜しまないことを約束し、予餞会の成功に向かって互いに頑張ることを確認し合った。予餞会が予定通りに実施できることをさっそくT夫と部員たちにも伝え、T夫の進級と文化祭ドタキャンの汚名返上、そして演劇部再興の目標に向かって頑張るように激励し、部員の意欲を大いに喚起した。

3学年教師集団の力を借りる

S子が担当した創作ダンスが冬休み中にできず、また、私の台本もなかなか納得のいくものができなかったので、再度話し合いの結果、予餞会には予定を変更して、3年の教師集団の力を借りてビデオ映画をつくることにした。映画制作は最初から部員たちから提案されてはいたのだが、出演者が私を入れても6人と少なく、また日没が早い冬場の映画づくりは、放課後の撮影に時間的制限や困難も多いことから、寸劇「卒業」の発表に決まっていたのである。

この年、受験指導に邁進する3学年教師集団は、予餞会には出場しないと聞いていた。予餞会には、例年3学年教師集団がフィナーレを飾るのが恒例であり、卒業生が何よりの楽しみとしている行事であった。私自身、本校では2度卒業生を送り出していたが、学年教師集団が生徒会館に合宿してまで出し物の練習に励んだものである。もし今回、予餞会には参加しないという3学年担任団を引っ張り出すことができれば、共同での映画づくりも可能となり、また担任団が映画に出演すれば卒業生は何よりも喜ぶであろうと考え、思い切って取り組むことにしたのである。

1月22日。クランクイン。みんなでレストランで食事をしながら、T夫の立ち直りと2年への進級、そして文化祭不参加の汚名返上と演劇部の再興という3つの目標の達成を誓ってジュースで乾杯、さっそくその日から撮影が開始された。不思議なことに、予餞会の取り組みが始まると、

T夫は約束どおり教室に復帰して授業をきちんと受けるようになった。あれほど入り浸っていた保健室にも、撮影の進捗状況を養護の先生に報告するために時々立ち寄るだけとなり、その変わり様には校長はじめ先生方が驚くほどであった。日程的には1カ月の余裕もあり撮影も順調に進むなかで、放課後の空き時間を利用して、3学年担任団にも出演協力をお願いする。刑事役のT夫が犯人の聞き込みに走り回るシーンでの特別出演である。パチンコ店、スーパー、コンビニ、調理室、体育館など、各担任が希望する思い思いの場所でのワンカット出演である。主任以下全担任に快く出演してもらい無事に撮影完了。「このカットシーンだけで卒業生にうけること間違いない」と、部員一同密かに満足したものである。

定期考査1週間前は部活動・その他の放課後の活動は全くできないため、土、日の休日をフルに活用しての撮影も追い込みとなる。学年末考査の勉強に追われながらも市内ロケに走り回るT夫は、衣装・小道具に工夫をこらし役作りに余念がない。男子部員はT夫1人しかおらず、犯人役の男子がどうしても足りず困っていると、喜々としてロケに走り回るT夫が、「クラスのなかに映画づくりに関心をもつ友だちができたので、これから頼んでみる」というのでさっそく交渉させる。幸い新しい友人に快く友情出演してもらうこととなり一件落着、撮影の追い込みもクランクアップに向かってますます熱が入っていった。

2月22日。日曜日1日がかりの撮影も、友人F男の特別出演で無事完了。スタッフ一同大喜びのなか、ついに念願のクランクアップを迎えることになった。レストランでの打ち上げで、映画づくりの思い出をあれこれを語りあうT夫は、保健室登校で毎日泣きながら弱音をはいていた頃とは全く違ってウソのようであった。T夫とF男の男同士の会話もはずんで、F男は新年度から演劇部に入ることを約束し、部員一同大歓迎となる。クラスのなかで1人孤立していたT夫にとって、予餞会の取り組みを通してF男という新たな友人を得たことは、映画の完成以上に大きな収穫となったようである。

感動の予餞会

2月25日。ブラスバンド部の素晴らしい演奏で幕が開いたK高最後の予餞会は、例年にない盛り上がりを見せ、大成功のうちに終わった。

クラス参加にこだわらず、有志参加で取り組んだことによって、従来になく内容・質ともに充実したものとなったからだ。発表の最後を飾った演劇部制作の映画「金田一少年の事件簿―塾長殺人事件（40分）」は、卒業生にはもちろんのこと、全校生徒や先生方にも大好評で、予餞会の最後を飾るにふさわしい作品となったのである。

「自殺？　他殺⁇　謎を呼ぶ浅原塾長の死!!　復讐の裏に秘められた愛の真実！　じっちゃんの名にかけて！　完全犯罪に敢然と挑む金田一少年！　演劇部が贈る愛と涙の感動巨編！　堂々完成!!　（40分）」（予餞会映画ポスター）

保健室登校を立派に克服し、見事に立ち直ってスクリーンで大活躍するT夫の勇姿は、校長をはじめ担任や保健室の先生、そして教師集団に大きな感動を与えた。また、予餞会当日の学年朝会時、突然の主任の提案により、3学年団も例年どおり予餞会に参加することになった。急きょ歌をうたって出演することになった3学年教師集団には大いに驚かされたが、それは教師集団としてのうれしい変化でもあった。

3学年教師集団による合唱『乾杯』と『青春時代』には、卒業生たちから演劇部の映画以上に大喚声が上がったのは言うまでもない。

おわりに

K高最後の予餞会が全校に大きな感動を呼んで、大成功のうちに終わったことは何よりの喜びであった。豊かな文化活動は生徒の心を励まし、生徒集団の連帯を育てるばかりか父母と教師、そして地域の人々をつなぐ力さえもつものと考えている。生徒とともに文化を創造することの楽しさとその教育的意義、そして生徒が本来もつ豊かな能力と発達の可能性を、あらためて実感することができたのは何よりの収穫であった。

2学年の主任が大いに感激し、卒業生退場後の感動さめやらぬ体育館で、「来年はお前たちの番だからな。先生は来年も予餞会はやるぞ！」と、生徒たちの前で宣言するほどの盛り上がりを見せたのだ。その後、生徒会顧問と2人連れだって校長室に押しかけ、予餞会の感動を語り、「校長、来年もぜひ予餞会を実施したい」と直談判したという。しかし、「確かに今年の予餞会には私も感激した。実際、素晴らしい内容であったと思う。だが、職員会議での決定はもはや覆すことはできない」と言下に拒否されたと聞いて、生徒会やHRなどの自治活動や文化活動に対する教師集団の理解のなさと意識の低さには、今更のように落胆させられることになったのである。

しかし、組合の仲間であるD先生が、「T夫の見事な立ち直りにはみんな感動したが、本当は、みんな先生の実践に感動していたんですよ」と語ってくれたことが、私にとっては唯一の慰めとなった。

3学期末進級認定会議。校長の約束どおりT夫の2年生への進級が無事認定され、同時に、K男がA市の定時制高校へ転学となったことが正式に報告となった。

2　父母との共同による高校中退克服の取り組み

定時制の現状

全日制中退等による転・編入生が増えるに伴って、生活指導が年々難しくなっているのが昨今の定時制高校の現状である。働きながら学ぶ定時制の厳しさから怠学的傾向が目立ち、再び脱落していく生徒も多く見られ、学校やクラスに対する所属意識の低い多くの生徒たちの生活指導やHRづくりや学校づくりは、年々困難となっている。教室のなかだけでは、生徒たちの本当の姿はなかなか見えず、HR担任1人の力だけではどうしても限界を感じるのだ。生徒の心に迫る指導ができるためには、どうしても父母たちの力が必要であり、そのためにも、生徒の問題行動が発生する前に、父母との信頼関係をしっかりと構築することが、何より大切であると考えている。それは同時に、子どもの教育に、父母たちを積極的に関わらせる必要性を痛感しているからでもある。

こうした反省から、新たに新入生を担任するにあたり、ＨＲ経営の方針として、クラスから中途退学者を出すことなく、全員無事卒業を迎えるためには、何よりも父母との連携が大切であると考えて、できるだけ早い時期に、1回目の家庭訪問を実施することにした。そしてその後は、必要に応じて機会をとらえては積極的に訪問し、互いの連携を深め信頼関係を育むことに努めることにしている。

このレポートは、クラスの2年間の記録を、家庭・職場訪問と「行事づくり」の取り組みを中心にまとめたものである。

◯1年次での取り組み（1986年度）

入学式に玄関で帰ったC子

この年の新入生は、D夫（15歳）、K雄（16歳）、T男（36歳）とC子（15歳）、H子（15歳）の5名で、そのなかで1次募集での受験者はH子だけであった。

4月8日。入学式。「C子さんが、母親と一緒に玄関まで来ていながら帰ってしまいましたよ」と、受付係の先生から聞いて心配になっていた。式典後、4名の新入生と3名の父母を前に、「働きながら学ぶ定時制生徒としての誇りをもって、卒業を目指して4年間しっかり頑張ってほしい」と激励し、ＨＲ通信「ふれあい第1号」を配布し、担任として精一杯の歓迎の言葉を述べＨＲ開きとした。

ＨＲ終了後、Ｈ子の父親と面談。「10年前に離婚して、いまは通年の出稼ぎで1人で暮らしている。今日は入学式にあたってＨ子に頼まれて同伴した。Ｈ子はスナックを経営する母親と一緒に暮らしている。Ｈ子には帰郷のたびごとに会っている、Ｈ子のことをくれぐれもよろしくお願いします」という父親は、Ｈ子を心から案じていた。

この日午後、私はＨＲ通信を持参して、式典に出席しなかったＣ子の家庭を訪問した。担任の予期せぬ突然の訪問に、母子ともに驚いた様子であったが、Ｃ子は予想とは全く違っていた。「合格者名簿のなかに、自分の名前がなかったので、Ｋ高不合格のショックが再びよみがえってきた。身体の調子も良くなかったので帰ることにしたが、でも、定時制入学に迷いはもうありません。明日からは出校します」と聞いて安堵する。合格者名簿は全日制だけのもので、入学式用に玄関に再掲示されたものであった。

Ｃ子は、将来は英語の専門学校か短大への進学を考えているという。「職安に通っているが、なかなか良い仕事が見つからないので、当分の間は家事手伝いをさせます」という母親は、手話通訳などのボランティア活動をしていた。ＨＲ通信の担任の自己紹介欄を読んで、「お父さんと趣味が同じで気が合いそうね」とＣ子に語りかける母親は、ＰＴＡ役員を快く引き受けてくれた。観光バスの運転手をしているという父親は、私と同様に、民謡・演歌が大好きで、「唄と踊りの会」の副会長もしているという。

家庭・職場訪問をテコとして

4月12日。H子の家庭訪問。H子は自宅近くの紙器製作所に勤めていたので、昼休みを利用して一緒に訪問した。知人の紹介でS紙器製作所に勤めることとなり、本人も働きながら学ぶ道を迷わずに選択したという。母親は10数年来、細々とスナックを営み、店の2階に親子2人で住んでいた。入学式には、これまで小・中といつも母親が同伴していたので、今回の高校入学にあたっては、制服などの入学費用を出して準備してくれた父親を誘ったのだという。H子は恵まれない環境ながら、自分の意志を強くもっており、「卒業後は、働きながら保育専門学校に進学したい」という将来の設計も、自分なりにしっかりと描いていた。働くことは好きだというH子に、現在の職場を大切にして4年間しっかり頑張るようにと2人で激励し、陽気でよくしゃべる母親とは話が弾んだ。

4月16日。D夫の家庭訪問。父親は自転車店を営んでおり、2つ上の兄は市内の工業高校に通っていた。D夫も同じ高校を受験したが不合格となり、働きながらの道を選んだという。全日制不合格になった友だちは、みんな私立高校に入学したが、定時制高校を選んだのは本人の意志からで、両親はD夫のそんな気持ちを大事にして激励していた。職場がまだ見つからないが、当分の間は店の手伝いをさせると聞いて納得する。

D夫は明るくさっぱりとした気性で、好感のもてる生徒であった。スポーツが得意で中学ではサッカーをやっていたという。私のHR通信の「歓迎の言葉」を読んだと言う父親は、現代の若者や教育について熱く語りながら、働きながら学ぶ定時制高校の意義をD夫にもこんこんと言い聞かせ、ＰＴＡの役員も快く引き受けてくれた。

４月18日。Ｋ雄の家庭訪問。Ｋ雄の家は水稲を主体とした農家で、兄と両親は田植えを終えると毎年出稼ぎに行き、Ｋ雄と妹（中３）の面倒は祖母が見てくれていた。

Ｋ雄は、前年度に１度本校に入学したのだが、１週間もしないうちに不登校になり、そのまま退学となった生徒である。市内の工業高校を受験して失敗していたＫ雄は、定時制高校にはなじめなかったようだ。この年も全日制高校に再挑戦したのだが、再び失敗して、結局は本校定時制を再受験・再入学となっていた。Ｋ雄は極端に寡黙でとっつきにくい生徒だが、誠実で真面目な性格でもあり、中学では柔道部に所属していたという。

「今年は、本人もやる気になってくれて安心している。仕事は農業を手伝ってもらっている。今年は私だけは出稼ぎに行かないで、Ｋ雄の世話をしてあげたい。高校卒業の資格だけは何としても取ってほしい。Ｋ雄本人も今度はその気でいるようです」と語る母親は、私の訪問を心から喜んでくれた。

４月23日。N子が遅れて入学を許可された。N子は市立病院に勤務する37歳になる看護師であった。職場の同僚からの学歴差別に長年悩んでいたN子は、思い切って定時制高校で学ぶ決意をしたのである。夜勤があるため休みも多くなるが、何とか長年の夢を実現したいとようやく決断し、４月途中からの入学を願い出て、特別に許可されていた。失業中の夫と３人の子どもがいるというN子は、「高卒の資格を何としても手にしたい」と、意欲満々であった。

４月29日。Ｈ子の職場訪問。Ｓ紙器製作所は、10名足らずの小さな職場であった。「やる気のある人を希望していたが、H子さんは若いながら良く働いてくれてます」と、女性の社長が喜んでいる。「少し気の強いところもあるようですが、明るく何でもハキハキと言うH子さんは、年配の従業員に可愛がられて、人間関係もうまくいっていますよ」という社長は、「仕事よりは学校を中心に考えていますから」と、定時制には大いに理解を示してくれた。

その日、昼休み時間を利用して、H子と一緒に2度目の家庭訪問となる。母親から、「仕事に熱心に通っている。夜は外出することは全くありません。仕事や学校帰りの外出は禁じている。親の言うことには素直に従う反面、言い出したらきかない強情なところもある。本人も学校も職場も楽しいと言っているので、いまのところは心配になることは特にないんです」と聞いて安心する。担任としても、勝ち気で気丈ななかにも、どこか陰のあるH子は、生徒のなかでも1番気になる存在であったからだ。

初めての文化祭

7月。クラス初めての文化祭。生徒会活動が年々弱体化するなか、一応、「今、できること」というテーマで定時制展示に取り組み、今年も全日制と一緒に文化祭に参加することに決まった。4年生は「手作りのオモチャ」の制作、3年生は「津軽凧絵」の制作、2年生は「特大壁新聞」の制作、そしてわがクラスは何度も話し合いを重ねた結果、「東日流（つがる）古代王国の謎を探る」というテーマで、クラス展示に取り組むことにようやく決定する。郷土史『津軽外三郡史』を種本にして、1週間前からあわただしく準備に突入した。単なる資料・説明文を壁に貼っただけの展示ではなく、できるだけ制作物を多くして立体的な展示にしようと、短い期間中夜遅くまでの作業の連続となった。

C子、H子、N子の女性軍は、模造紙にマジックで資料・説明文を次々に書いていく。絵心のあるD夫は、イラストや絵看板の制作をもっぱら1人で担当した。K雄とT男と私の3人は、縄文土器・遮光器土偶などを粘土で制作、また、T男が持ってきてくれた稲ワラと縄を材料にして、縦穴式住居や「つがるアソベ族」の頭身大武者人形の制作、津軽一帯の史跡を巡っての写真撮影等と、5日から11日までは文化祭一色となり、毎日夜遅くまでの準備にあけくれた。

他のクラスは人数も多く作業も順調に進み、8時過ぎると早々と下校してしまう。少ない人数で大きなテーマに取り組んだわがクラスは、制作物が多い関係上、毎晩10時近くまで準備が続いた。しかし、誰1人としてさぼる者も文句を言う者もなく、全員一丸となって頑張り通し、文化祭公開の前日にようやく完成にこぎつけたときには、一同大喜び。1年生のクラス展示は、質・量ともに自信をもって発表できる作品となったのである。

後日祭では、全日制生徒会実行委員会から定時制展示が特に評価され、「特別賞」に輝いたことも、生徒たちの大きな喜びとなり、文化祭の取り組みを通して、定時制生徒としての自信にもつながったのは、何よりの成果であった。

1学期最後のHRで、彼等の文化祭での働きを、担任としても大いに評価し、「校長先生はじめ全日制の先生方がしきりに誉めていた」と伝えると、「あれだけやったんだから当然よ」とC子、H子が得意げに自慢する。「みんなで力を合わせて一生懸命やれば、何でもできる」ということをあらためて確認して夏休みに入った。

父母との信頼関係を育む

10月24日。D夫の職場訪問。母親の友人の紹介で、D夫はようやく同じ団地内のスーパーで働くことが決まったのだ。職場をのぞくと、D夫は水を得た魚のように張り切って働いている。「18歳未満の従業員を雇うのは初めてのケースで、いま待遇を考えているところです。あいさつや時間厳守のしつけは厳しくやっています」という店長は、「学校のほうには喜んで協力します」と、理解を示してくれて感謝する。

昼食は自宅に戻って取るというので、D夫と一緒に家庭訪問に向かう。「近くにいい職場が見つかった、あせらず待っていて本当によかった」と両親は大喜びで、仕事と学校の両立をきちんと果たせるようにとD夫を激励し、私も一安心となった。

10月26日。農業青年T男の家庭を初めて訪問した。T男には、稲刈りで忙しい時期に、「生活体験発表会」に本校代表として出場してもらったので、お返しに農作業の手伝いを約束していた。T男は、農繁期にもかかわらず、原稿づくりにも頑張って、地区大会で見事に第1位に輝き、県大会にも出場した。稲刈り作業を手伝う約束が、供出米を出荷する「米かつぎ」を頼まれ、この日、朝早くからの訪問となった。

T男は水田を4町歩ほどつくる農業青年で、年老いた両親と妻と2人の子どもと暮らしている。「冬の期間は、毎年地元の建設会社でも働いているが、今年の冬は、仕事はしないで、学校1本で頑張るつもりです。子どもたちも賛成し、妻も激励してくれています」と張り切っている。「勉強と仕事を両立する辛さが、最近になってようやく感じなくなった」と語るT男には、これから、冬に向かっての学業生活に大いに期待がもてそうだ。

10月29日。K雄の父親とH子の母親が入院したと聞いて驚く。11月に出稼ぎに出発する予定であったK雄の父親が、農作業中に脳溢血で倒れたという。K雄は父親に付き添うためその日1日休んだが、翌日からは元気に登校した。「K雄は、昨年にくらべて今年は非常に落ち着いて、学校のほうもやる気を出してくれてます。実は、K雄のことはもう心配ない、大丈夫だと安心して、今年も夫と2人で、出稼ぎに行くつもりでいたんですが」という母親は、「幸い夫の病状はそれほど重いものではなく、リハビリで回復できる見込みがあるそうです」と安堵の様子。そんな母親の言葉を聞いて、K雄もいままで以上に勉強にも部活にも頑張ることを約束する。何事にも真面目に取り組むK雄は、不登校を見事に克服して、定通総体の柔道競技で全国大会に出場するために、顧問の私と東京にも行っていた。

H子から、「母親が足の傷からばい菌が入って、手術するために病院に入院した」と聞いていたので、同じ病院に入院している母親をも見舞った。「H子は何でも隠さずに話してくれ、テストの結果も全部見せてくれます。今回の入院で1人暮らしになるH子のことが気がかりですが、実家の母やA町にいる姉が駆けつけてくれ、H子の面倒を見てくれています」と聞いて安心する。

11月16日。H子の家庭訪問（5回目）。めずらしく5日、6日と続けて欠席し、6日には連絡もなかった。心配になって、放課後、帰宅途中H子の家を訪問する。母が入院中なので、夜は母の親友がスナックの店番をしていた。H子はまだ帰っていなかった。

「H子のことは小さい頃からよく知っている。これまでも母親以上に厳しく叱ってもきた。H子は叱られると黙り込んでしまい、自分の殻に閉じこもるというかたくなで強情なところがある。2日間も休んでいたのは知りませんでした。本当に申し訳ありません。明日からはきちんと遅刻しないように学校に行かせます。母親のほうは、来週いっぱいまで退院できませんが、H子のことをくれぐれもよろしくお願いします」と聞いて、H子には、母親以外にも、親身になって叱ってくれる大人がいることを知って心強く感じた。

翌日、登校したH子と面談し無断欠席のことを叱る。「昨日、父親が帰郷し、職場にも顔を出して社長にあいさつしてくれた」とうれしそうに語るH子に、「母が入院中だからといって気をゆるめずに、仕事にも学校にも、冬休みまでの残された2学期をしっかり頑張るように」と激励する。

11月18日。H子の職場を訪問（2回目）。H子は年配の従業員たちとの人間関係もよく、遅刻や欠勤も全くなく頑張っていると聞いて安心する。学校には大変理解のある会社で、「これから年末にかけて仕事も忙しくなりますが、H子さんには残業はさせません。学校行事のときは遠慮しないで休んでもいいんですよ」という社長は、27日に予定された「ＰＴＡ・雇用主三者懇談会」にも「ぜひ出席させていただきます」と、快く承諾してくれ感謝する。

11月19日。H子の家庭訪問（6回目）。「入院中、H子のことが心配で、予定より早く退院して、いまは週3回通院している」という母親は、入院中にH子が無断欠席をしていたことを気にかけていた。「あまり厳しく、うるさく言っても反感を買うばかりで、子どもを信頼することが何より大切なことである」と、お互いに確認し合う。

「『三者懇談会』には歩けないので参加できませんが、S社長さんにはくれぐれもよろしくお伝えください」と恐縮する母親を激励する。

12月24日。D夫の家庭訪問(4回目)。D夫は仕事が決まってからは、生き返ったように張り切って働いていた。D夫が働くスーパーで、特別セール中のクリスマスケーキを「押し売り」された私は、予約のケーキを受け取る方々、D夫の昼休み時間を利用して一緒に訪問した。「冬休みになっても、仕事は全然休めない。遊ぶ時間が全然ないよ先生!」とあれこれと不平を並べながらも、生きいきと仕事にも学校にも頑張っているD夫の姿に、両親も私も安堵する。

予餞会復活をわがクラスの手で

1月8日。冬休み。年長のN子の家庭を初めて訪問した。N子の夫は水道関係の仕事をしていたが、会社が倒産していまは無職だという。「おかげで、N子の代わりに子どもたちの面倒をみてやれる」という夫は、N子の定時制通学には理解を示し、何かと協力的であった。「長期の休みには、子どもたちの世話が充分にできるのでうれしい。夜、子どもたちと一緒にいてやれないのが気にかかる」というN子にとって、夜間定時制の通学が大変辛いものになってきているのが本音のようだ。3学期もより一層頑張って2年に進級できるようにと、夫と2人で激励する。冬休みになって、子どもたちは、母親が夜勤以外には夜いつも一緒にいてくれるのが本当にうれしそうであった。

1月13日。C子の家庭を訪問（2回目）。冬休みに入って、C子はKスーパーでアルバイトを始め、毎日頑張っていた。「このアルバイトを通してやる気を出せば、そのまま採用してもよいと店長から言われた。学校は楽しい。定時制に入って後悔はしていない」というC子の言葉に、両親も大いに喜ぶ。私も、C子のバスケットボール部での頑張りを、両親の前で大いに評価した。今年の県定通総体では、C子の大活躍で本校が念願の初優勝を果たしたのだ。

この日の訪問は、父親が副会長をしている「唄と踊りの会」が、毎年市民会館で開催する「年末チャリティーショー」に、花束を持参して応援に駆けつけた私へのお返しとして、招待されたものであった。「来年は先生にも出演してもらって、カラオケをぜひ1曲歌ってほしい」と言われて冷や汗をかく。私も演歌が大好きで、PTA会合の2次会では、C子の父親から何度も歌唱指導をしてもらっていた。

英語の授業でも、「楽しい授業づくり」を目指して、ビートルズのポップスから石川さゆりや吉幾三の演歌まで、英語の歌を自主教材化し、教室のなかで生徒と一緒にカラオケを楽しんでいる。C子は英語が得意で、英語の歌も上手であった。私の知らなかった歌手ブルース・スプリングスティーンの『The River』を授業で取り上げてほしいと、レコードを貸してくれたのもC子であった。

クラスの予餞会出し物「地元の唄と踊り」について父親に相談すると、「お役に立つことがあれば、なんなりと協力させてください」と大いに張り切り、C子にも頑張って取り組むようにしきりに勧めている。

その夜の2次会は、「日頃から、C子と仲良くしてもらっているH子さんのお母さんに、1度ごあいさつしたい」という父親と2人で、H子の母親のスナックに出かけることにする。H子の母親もC子の父親も、そして私もお互い同年代で話も合い、子どもや趣味の話題で、夜遅くまで盛り上がった。「ほんとは、若いときに1度歌手を目指したこともあったんです」というC子の父親は、いつものように得意のカラオケを歌い出す。その抜群の歌唱力には、本当に感服させられるばかりであった。

C子とH子の予餞会企画

冬休み中は心配した事故・非行もなく、3学期が始まった。D夫は自転車による通学が不可能となり、K雄も父が病気で倒れたことで車での送迎はない。年長のT男と相談して、2人を送り届けることにした。2人とも、学校から5~6キロほど離れた校外に住んでいるので、T男と私は、それぞれ遠回りをしながらの帰宅となった。

実際T男は、クラスのみんなのことを何かと心配してくれ、日頃から兄貴分として面倒を見てくれていた。私のHRづくりや生活指導にもよく協力し、大いに助けられていた。

私は、日頃無口なK雄を車で送りながら、予餞会の話を何度も語っては、K雄のやる気を促す。「人前で歌ったり、踊ったりするのは苦手だが、クラスのみんながやるなら、自分も思い切って出てもいい」と、K雄も約束してくれた。

2月19日。私の授業を利用して、「予餞会」について話し合う。担任案の「寸劇」は以前に拒否されており、「歌と踊り」を中心とした出し物に決まっていた。だが、なぜかC子とH子がなかなか納得せず、話し合いが具体的に進まない。その日、D夫は欠席していたが、K雄やT男、N子たちは、何でも協力するという。C子とH子に、「何か代わりの案があるなら、明日までに考えて提出するように」と一任し、みんなも同意した。

2月20日。驚いたことに、2人の案は8ミリ映画をつくるというものであった。私が前任校でクラスの生徒とともにつくった8ミリ映画を見て思いついたという。「予餞会までの日程があまりない。何より、8ミリフィルムの現像は青森ではできない。仙台で現像することになるので1週間以上はかかる。時間的にも不可能である」と説得すると、「それならビデオ映画にすればよい」とあきらめない。「先生はビデオを扱ったことがない。それにビデオカメラの機材も持ってない。いまからじゃとても無理だ」と重ねて説得するが、2人はやる気満々である。「ストーリーはまだ考えていないけど、みんなで歌ったり踊ったりしても、たいしてうけるとも思わない。ビデオなら歌や踊りと違って人前で演ずる恥ずかしさもない、当日は自分たちもゆっくり予餞会を楽しめる」と譲らない。

「ビデオにしても撮影時間があまりない。ホントに困難な取り組みとなる。よほどの覚悟がなければとても無理である」と乗り気のない私も、「絶対頑張って、最後まで必ずやり遂げる、約束する」と言い張るC子とH子の熱意に押される。D夫や他の生徒にも確認すると、全員がやってもよいと同意する。「どんなことにも泣き言を言わなければ、取り組んでもいい。それじゃ、ビデオ機材も先生が何とかしよう」と、結局は私自身も同意することになった。ビデオ制作は初めての経験で、ただフィルムを切ってつなぐだけの8ミリの編集とは違うビデオの編集には、多少の不安を抱えていた。だが、彼等のやる気を信じ、シナリオもC子とH子に任せて、とにかく取り組むことを決意した。

2月21日。C子とH子が担当したシナリオが完成。シナリオといっても、台詞はほとんど書き込まれておらず、ストーリーの流れを箇条書きに並べただけのもので、「プッツン刑事」とタイトルがついていた。主役の2人の刑事役はC子とD夫のコンビで、ヒロイン役にはT男がセーラー服姿で女装して、その恋人役の教師には私が出演することになった。H子とN子は生徒役に、そして無口なK雄は、教師をゆする番長役に決まった。

2月23日。クランクイン。予餞会の取り組みはわがクラスだけで、文化祭のときとは違って準備のための授業カットも短縮授業もない。撮影にあてる時間は放課後以外にほとんどなく、私の授業と各教科の先生方からもらえる時間以外は、夜遅くまでの撮影となった。初めての経験で、カメラの位置やカット割りを事前に話し合う余裕もなく、NGの連続である。台詞もアドリブで考えるなど、無駄に時間を過ごすことも多く、思うように撮影は進まず、初日は退校時間の10時で切り上げる。彼等も予想以上にビデオづくりの難しさを痛感したようだが、もはやクラス全員一丸となってビデオの完成に向かって進んでいくしかなかった。

真夜中の映画撮影

2月26日。クランクアップ。撮影は校内が中心となったが、昼間のシーンは、T男の家を借りて実施された。昼食に奥さんの手料理をごちそうになりながら、1日がかりの撮影となる。部屋にお茶を運んできた奥さんが、おさげ髪にリボンを結んだ少女のカツラを着け、口紅を塗った女子高生姿のT男を見るなり吹き出し、互いに大笑いとなる。大照れのT男と教師役の私とのシーン、私と番長役のK雄との「脅迫」シーンなど全て撮り終え、残すは体育館、廊下を使ってのアクションシーンだけとなった。

4時間目終了後、満を持してさっそく撮影開始。撮影器材は、知人の電気店から借りた古いタイプの大型ビデオカメラなので、持ち運びも大変である。カメラを持つ人、録音機を持つ人、マイクを向ける人、ライトを照らす人など、自分の出番以外にも仕事はいくらでもある。みんなが団結しなければ、映画づくりは不可能なのだ。吹雪が舞い込む体育館で最後のシーンを撮り終え、クランクアップの喜びに歓声を上げたときには、11時をすでに回っていた。誰もいない職員室で、年長のN子が差し入れてくれたカップラーメンで、冷え切った身体をみんなで温め、にぎやかに記念の写真撮影となった。

T男の車でD夫を、私の車でK雄とC子、H子をそれぞれの自宅に送り届け、父母たちにあいさつして、ようやくわが家にたどり着いたときには、真夜中の1時を回っていた。その夜、慣れぬビデオの編集に手こずりながらの徹夜作業。ビデオ映画「プッツン刑事」は、昼近くになってにようやく完成、その日の上映にギリギリ間に合うことになった。

2月27日予餞会。生徒会企画のゲーム終了後、いよいよわがクラス制作のビデオ映画の上映である。BGMはC子の担当であったが、時間がなくビデオには録音できず、上映しながらラジカセで流す。ストーリー、演技は未熟ながら、全日制放送部の協力を得て、本格的にクレジット・タイトルの入ったビデオ映画「プッツン刑事」（20分）は、爆笑爆笑の連続で、卒業生は大喜びとなった。帰りのHRでは、担任として彼等の取り組みを大いに評価し、残された1カ月を全員進級に向かって頑張るように激励した。

定時制生徒としてこの1年間、わがクラスはほとんど無断欠席や、遅刻・早退などの怠学的傾向も見られず、他学年に先駆けて、各種行事にも積極的に取り組み、1人の中退者もなく全員無事進級が決まったことは、私にとっても充実した1年となった。

「予餞会でビデオ映画『プッツン刑事』をみんなでつくることに決定した。ストーリーの大まかな所は、C子さんとH子さんから話があり、各場面については全員で話し合い、それをまとめた台本をコピーして、それをもとに撮影が始まった。

撮影は月曜日から4日間で行われた。その期間の寒かったこと。窓から外を見ると猛吹雪。柔道場や体育館のなかにも通路の隙間から雪が入ってしまっているのである。

T男さんは、主役なのでセーラー服にスカートで、特に寒かったと思う。撮影したはずのシーンが写っていなかったり、撮影中に台詞を考えたり、各シーンでの意見がくい違ったりで、何度も話し合っては撮影が行われた。

先生に叱咤激励され、出演も協力していただき、また1年生の若さで「プッツン刑事」は完成した」（N子反省文・HR通信「ふれあい」第7号）

○2年次での取り組み（1987年度）

父母と悩みを共有する

2年に進級して、クラスにF夫（17歳）、J雄（17歳）、O男（17歳）の3人が編入となった。3人とも、温厚な性格で、F夫とJ雄は市内の農業高校を2年の半ばで、またO男は市外のN高をこれも2年の半ばで中退していた。F夫は登校拒否で、J雄は「いじめ」や学業不振からの怠学・不登校であった。O男もまた、学校がおもしろくないという理由で、怠学・不登校による中退であった。一時、父親と一緒に出稼ぎに出ていたのが、実社会に出て現実の厳しさに触れたことで、高卒の資格の必要性を痛感し、定時制で出直す決意を固めたという。5月に入って、さっそく3人の家庭を訪問して、学校への協力をお願いし、父母との連携に努めることにした。

7月。3人の編入生を加えて9人となったクラスは、文化祭には、「農業問題考える」というテーマで、毎晩遅くまで準備に頑張ってクラス展示に取り組んだ。農業青年T男の協力で教室のなかに「田んぼ」をつくり、NHK特集の「米シンポジウム」のビデオを流し、市の農耕儀礼の祭りである「虫送り」を再現するなど、わがクラスの展示は昨年以上の評価を受けることになった。後夜祭では、全日制生徒の前で、定時制展示の素晴らしさを学校長から激賞されるほどの成功となった。私も彼等の取り組みを高く評価したが、準備の最後に予定していた「田植え」の儀式のときに、D夫とC子とH子が無断で早退していたのが残念であった。3人は2年次になってから怠学が目立つようになっていたのだ。

今年度も、わがクラスのK雄と3年のS夫が、定通総体の柔道競技で全国大会に出場することになり、C子の父親に東京までのバスのチケットの手配をお願いしていた。この日わざわざチケットを学校まで届けてくれた父親は、準備に頑張っている生徒のなかに、娘の姿が見あたらないのに気づいて心配を隠せない様子。娘の怠学をしきりに詫びて恐縮する父親に、チケットの手配のお礼を述べながら、C子たちの近況を報告する。

C子とD夫の父親は学校には大変協力的で、PTA役員会には必ず出席し、PTA活動を大いに盛り上げ、本校初めてのPTA研修旅行や「PTA・雇用主三者懇談会」などを実現させていた。PTA活動はこれまでにないほど活発化し、PTA総会には多くの父母たちが参加するようになり、子どもたちや教育について大いに語り合っていた。今年度の研修旅行では、D夫の父親の発案で俳句大会も催され、酒、料理持参の親睦旅行は大いに盛り上がった。2次会はH子の母のスナックで恒例のカラオケ大会となり、子どもの話題や教育の問題に花が咲き、夜遅くまで親睦を深め合っていたのだ。

9月19日。C子の家庭訪問（3回目）。父親が非番の日を選んで訪問し、あらためてC子の出欠状況を報告すると、「最近は夜遊びもひどくなって叱ってばかりで、ときには殴ったりもしているんです」と落胆している。C子の怠学問題は、私からの報告を待つまでもなく、両親ともにかなり悩んでいる様子だ。「いまC子は自分の部屋にいます」と聞いて、2階に上がってC子と2人でいろいろと話し合う。C子は夏休みに仕事をやめてから生活がルーズになってしまい、本人も暇をもてあましているようであった。C子を連れて下に降り、父親を交えて3人でじっくりと話し合うことにした。

「先生は、近くまで用事で来たので、ちょっと立ち寄っただけと言ってくれてるけど、本当は、お前のことが心配でわざわざ来てくれたに違いないんだ。そんな先生の気持ちがお前には分からないのか！」と、厳しい口調で問い詰める父の態度に、C子も、「このままでいいとは自分でも思ってはいない。また仕事を探して頑張るつもりではいる」と、重たい口を開く。「両親の期待に応えて、頑張って3年に進級しなければ」と激励する私に、C子は父親と私の前で立ち直りを約束して自分の部屋に戻っていった。父親は私がC子の部屋に入ったことに驚いた様子であった。「先生、よく娘の部屋に入れてもらえましたね。実はこの頃は、妻も私も絶対入れてもらえないんですよ」としきりに感心している。

家庭・職場訪問を力に変えて

10月14日。F夫の職場訪問。F夫がT青果店で働くことになったので、社長にあいさつがてらの訪問である。市内一の大きな青果卸店で従業員も多く、F夫は広い構内で張り切って働いていた。F夫や学校のことをいろいろとお願いすると、威勢のよい社長さんは定時制のことをよく理解してくれ、「行事などのときは遠慮することなく休んでいいんです。学校を優先にしてもよいですから」と、快く協力を約束してくれた。

10月14日。H子の職場訪問（3回目）。H子は、S紙器製作所をやめてGリバーに就職していた。工場長をはじめ従業員は女性だけで、電子部品をつくる工場であった。工場長は仕事内容をいろいろと説明してくれ、H子のことを大変良く働いてくれると誉める。「H子は定時制に通学しているので、行事等で仕事を休むことにもなりますが、何かとご配慮をよろしく」とお願いすると、「もちろん残業はさせません。H子さんにはなにより学校を優先させますから」と、快く協力を約束してくれた。

10月20日。F夫の職場訪問（2回目）。「自分もF夫の職場で働いてみたい」というJ雄の希望で社長と面談し、日頃からのF夫や学校に対する理解と協力にお礼を述べながら、J雄の就職をお願いした。「いまは人手が足りないので、明日からでも採用したい」と聞いて感謝する。J雄は夏休みに、市内デパートのオモチャ売り場でアルバイトをしたことがあった。1度、売り場に顔を出し主任にあいさつしたが、そのときの体験から働くことに自信を持ったのであろう。日頃から仲のよいF夫と一緒の職場なら大丈夫と考えてお願いすることにしたのだ。

12月2日。C子の父親から、今年も恒例の年末チャリティショーに招待され、花束を持って応援に駆けつけた。母親もボランティアで、毎年売店係で参加・協力していた。ショーの合間に母といろいろと語り合う。C子の怠学もだいぶ落ち着いてきてはいたが、欠課時数過多のため、単位取得が危ない科目もみられた。だが、12月に入って、C子はKスーパーに就職して両親も私も一安心となっていた。

実際、怠学的傾向はわがクラスでも、T男とK雄、そしてN子以外は、編入組のF夫、J雄、O男にもみられるようになっていた。年長のT男とN子も心配してくれるが、「注意してもなかなか聞いてもらえない。ときには反抗的な態度さえとられる」と、つい不満が口に出るほどであった。機会をとらえては家庭訪問を繰り返すだけで、他に有効な手段もないままに2学期末考査を迎えていた。D夫とO男、C子とH子の出席不良科目（3分の1オーバー）は、考査が終わった段階で数科目にもなっていた。

今年度は、転・編入生が多かったことからも、各学年とも、例年になく怠学的傾向が著しく、多くの生徒が成績会議で問題となっていた。

クラス再生を願って

3学期。生徒会では新しい顧問と生徒会長のもとで、予餞会について早い段階から何度も話し合いがもたれていた。「できれば今年は、クラスによる出し物を復活したいそうです。それが無理なら、生徒会が中心となって、各クラスから有志を募って、新たな企画に取り組みたいとのことでした」。委員長のT男から、生徒会原案が提案された。

だが、昨年度唯一クラス参加を果たし、映画制作で予餞会を大いに盛り上げたH子とC子は、今年のクラス取り組みには真っ先に反対した。2年に進級して、怠学が目立ち始めていたクラスを立て直すため、「文化祭だけ頑張ってくれれば、予餞会は取り組まなくてもいい」と、私はそのとき彼らに約束していたからだ。

私は、クラスの再生を図るため、今年も怠学組を中心に、ビデオづくりに挑戦したいと密かに考えていたのだが、あえて彼等を説得しようとはしなかった。「いまのクラスには団結力も何もない。残念だが、今年のクラス参加は見送ろう」と、遅刻や無断早退、授業のエスケープなどを問題にし、彼らの自堕落な日常を厳しく批判した。

生徒会では、「カラオケ大会」と「ビデオ映画制作」という2つの企画をまとめ、再度クラス討議を要求してきたが、すかさずH子が反対意見を述べた。「生徒会のビデオづくりには賛成できない。ビデオをつくるなら、もう1度わがクラスでつくりたい」。思いもかけない発言にみんなが驚く。「いまのクラスには、ビデオをつくれる力はない！　授業をさぼってばかりいるものに、夜遅くまでかかるビデオ制作など、本気で取り組めるわけはない！」と、私はあえて反論した。勝ち気なH子が、「またみんなでビデオをつくろう！」と呼びかけるが、その声にはみんなを説き伏せるだけの力はなく、昨年度のような自信はまったく感じられなかった。

だが、怠学組のC子、H子、D夫さえやる気を出せば、ビデオ制作とクラスの再生は実現できると考えていた私は、彼らのやる気をあらためて確認すると、クラスのみんなを説得して、シナリオもC子とH子にまかせることにした。わがクラスは土壇場で、再び映画づくりという形で、今年も予餞会にクラス参加することになったのである。

だが、日頃のわがままな言動から、クラスから浮き上がっていたH子たちの案は、初めから盛り上がりに欠けていた。約束の日までシナリオをつくって来なかったのである。みんなの前で2人の無責任さを厳しく追及すると、「プッツン刑事パート2」をつくりたいという。万一に備えて、私はすでに自作のシナリオ用意していたのだが、そのことは口に出さずに、「今回のシナリオは先生が担当してもいいか？」と提案した。責任を果たせなかった2人は、さすがに文句を言うこともなく承諾した。

撮影日程は5日間だけで、それも授業終了後の撮影が大部分という厳しい状況であった。だが、思いがけずにO男、F夫、J雄の編入3人組が積極的に参加し、役づくりにも大いに工夫もみられた。撮影が進むにつれて全員熱が入り、クラスは再び、「プッツン刑事2―キョンシーの逆襲」（30分）の完成と予餞会の成功に向かって、一丸となっていた。

この年は、多数の新入生（16名）と転・編入生（9名）を加え、どの学年も例年にないほど怠学的傾向が目立ち、そのため中途退学者が8名も出た年となった。わがクラスでも怠学傾向が目立ち、父母とともに心配し続けた1年ではあったが、この映画づくりを通して1人の落伍者もなく全員進級を果たせたことは、父母たちはもちろん、担任の私にとっても何よりの喜びとなったのである。

父母を教育の舞台に

まず何よりも、親自身に学校に関心をもってもらう、自分の子どもに真っ直ぐに向きあい、真剣にぶつかる、目を向けるという観点から、私の場合は努めて家庭のなかに入り、そのきっかけをつくることができたらと考えている。

子どもの教育という舞台には、誰よりもまず親自身に登場してもらう必要性を痛感しているからである。子どもに対する願いも、またそのために生まれる悩みや不安も父母も教師もみな同じものであり、そういう点では、互いに手を取り合える同志なのである。ＰＴＡ会合や家庭・職場訪問など、日頃からのささやかな実践の積み重ねのなかで、父母・教師間の信頼関係を育み、子どもの未来や教育について語り合いながら学習を重ね、互いの理解と自信を深め合い、父母も教師も子どもとともに育ち合うことが大切であると思うのである。

生徒や父母、そして教師たちが、それぞれ1個の人間として、他者と交わり、関わり合いながら、自己と自己の人生を豊かに創造していくという観点に立って生徒の指導に取り組むとき、1人の人間が変わるためには、何よりも親自身、教師自身が、そして問題生徒を取り巻く「関係性」そのものが、より豊かなものに変わらなければと考えている。

さまざまに複雑な思いを抱えて定時制に入学してくる生徒たちが、定時制生活にしっかりと根を生やし、定時制高校を自分の「居場所」「学びの場」として、クラスや学校集団においてさまざまな行事に積極的に取り組み、先生方や仲間たちとの人間的・人格的交わりのなかで怠学や不登校を克服しながらも、自己の実現に向かって1歩ずつでも着実に歩んでいってほしいと願っているのである。

第5章　ＨＲ実践記録「定時制生徒とともに生きる」

定時制の現状

G高定時制は、非行・怠学・登校拒否などを理由に、全日制高校からの転・編入生がここ数年来急増するようになっていた。また新入生にしても、全日制の受験に失敗し、再募集での入学を許可された生徒が大半で、年齢・意欲・能力その他においても、多様な転・編入生を抱えての生活指導やHR運営は年々難しいものになっていた。

クラス担任も、次々と転・編入してくる生徒の指導に追われるばかりで、「クラスづくり」や「学校づくり」も思うようにならず、生徒のなかには、せっかく転・編入を許されながら、全日制時代での交友関係をなかなか断ち切れないまま、ずるずると怠学をくり返し、再び脱落していく者も多く見られた。

私が4年間担任した1985年度卒業生は8名であった。そのうち、1982年度入学式から4年間頑張り通した生徒は2名だけで、他の6名は全日制や他校定時制からの転・編入生で、晴れの卒業を迎えるまでには、残念ながら2名の中退者もいた。

このレポートは、夜間定時制高校のクラス4年間の記録を、1年次でのT夫、そして3年次でのK子とU子の取り組みを中心にまとめた、「怠学・中退」を克服するためのクラス4年間の実践記録である。

○1年次での取り組み（1982年度）

3名だけの入学式

1982年度の入学生は、T夫、S男、N夫の3名だけで、転任してきたばかりの私には、1年の担任と生徒指導部の分掌が用意されていた。

4月8日（木）入学式。3人の新入生とT夫の母親を前に、「働きながら学ぶ定時制生徒であることに誇りをもって、4年間精一杯卒業に向かって頑張ってほしい」と、担任として歓迎と激励の言葉を述べてHR開きとした。

HR終了後、T夫（15歳）を廊下で待たせて母親と面談。「夫は建設会社でトラックの運転手をしており、私は時々宴会場で接待のアルバイトをしています。いまの夫とはT夫を連れての再婚で、T夫は夫にはあまりなついていません。中学のときには、問題を起こすたびに学校に呼びつけられて、親子共々叱られてばかりでした。T夫はこの3月から市内の自動車板金工場で働いています。何とか高卒の資格だけは取ってほしいんです。T夫のことをくれぐれもよろしくお願いします」と心配する母親を、「共に手を取り合って、T夫君の卒業に向かってお互いに頑張っていきましょう」と激励する。

T夫の内申書は、落としてくれと言わんばかりのあまりにもひどい所見で、先生方みんなが中学校側の取扱いには驚かされたほどだ。T夫は少し落ち着きには欠けるが、明るくひょうきんで、人なつっこい面も見られた。

S男（24歳）は市内の左官店で働き、アパートでの自炊生活を送っていた。暇を見つけては油絵を描いているというS男は、「交際している女性がいて、卒業後は結婚も考えているが、仕事が不安定でどうなることか」と心配そうだ。

N夫（33歳）は、市郊外で年老いた両親に代わって、妻と2人でりんごと米作りに励む私より1歳年下の農業青年であった。「農繁期にはどうしても学校を休まざるを得ませんが、精一杯頑張りますので先生何とか頼みます」と学習意欲十分である。

N夫とS男の年長の2人には、「T夫の面倒をよくみてくれるように」と頼み、「晴れの卒業に向かって、お互いに精一杯頑張ろう」と激励した。

T夫の怠学

S男とN夫は仕事の関係で4月当初から時々欠席したが、T夫は無遅刻・無欠席で通し意欲をみせた。しかし、5月のゴールデンウイークを境に仕事をやめたというT夫は、風邪を理由に徐々に怠学が目立ち始め、5月中の欠席が早くも10日にもなっていた。

21日（木）22日（金）と初めて無断欠席が続き、23日（土）になっても登校しないので、いつものように電話して、母親にT夫の入学以来の出欠状況を報告する。「T夫は今夜は家にいます」と聞いて、空き時間であった私は、T夫の家を初めて訪問した。

母親は私の訪問を大変喜び、「先生がこうして来てくれたんだよ。定時制の先生は中学校の先生とは全然ちがうね。先生がわざわざ来てくれたんだから、お前もちゃんと学校に行かなければね」と、しきりにT夫に登校を促す。「もういいよ。うるせばな。分がったから、あっちに行ってろよ」と、T夫は口をとんがらせて母親を追い立てる。母親が退いてからT夫といろいろと話し合う。定時制にも楽しいことがたくさんあることを力説し、中間考査終了後のバス遠足にしつこく誘うと、「月曜日からはちゃんと登校し、遠足にも参加する」と約束してくれた。

24日（月）。約束を破って登校しなかったT夫だが、25日（火）になってようやく登校し、一安心となる。

26日（水）。再び無断欠席したT夫だが、27日（木）からの3日間の中間テストはきちんと受け、約束どおり30日（日）のバス遠足にも参加した。遠足はバーベキューとソフトボール大会で大いに盛り上がり、T夫にとっても楽しい1日となったようだ。残念ながらS男とN夫が仕事で参加できなかったのが悔やまれた。

しかしT夫は、遠足が終わるとぱったりと登校しなくなり、6月に入って、1日（火）2日（水）3日（木）と無断で休み続けてしまった。

4日（金）。気になって出校途中T夫の家を訪問した。母親もいて、私の突然の訪問にしきりに恐縮する。T夫の部屋に行くと、全日制N高の制服を着たBがいた。「T夫とは幼いときから仲が良い。下校途中に時々立ち寄っている」と聞いて、「定時制は全日制とは違う。働きながら学ぶ定時制は辛くて苦しい4年間だ。ほんとの友だちなら、T夫が立派に卒業できるように励ますことこそ大切だ。自分は学校が終わったからといって、一緒に遊びまわることのないように」と、強く釘をさす。

だが、叱られて登校を約束したはずのT夫は、その日も登校することなく、そのまま丸1週間無断で休み続けてしまった。その間私も母親と電話で1度話し合っただけで、「友達と遊び回り、いくら叱っても生返事ばかりで、ちっとも言うことを聞いてくれないんです」と嘆く母親に、「今後どうするのか、とにかく親子でよく話し合ってください」と、しばらく様子を見ることにした。

14日（月）。心配になって出勤途中T夫の家を訪問する。車から降りた私の姿に気づいたT夫の仲間が3〜4人、クモの子を散らしたようにあわてて逃げ出して行く。母親が仕事で留守のときには、たまり場になっていたのである。部屋に入ると、T夫と制服姿のB、そして2人の少年と2人の少女がいて、灰皿にはタバコの吸い殻が山盛りになっていた。みんなT夫の中学時代の同級生で、逃げ出したのは後輩の中学生だという。

「T夫はいま定時制に通っている。何日も休んでいる。このままでは進級できない。友だちなら、T夫の足を引っ張るような真似はするな」と叱りながらも、彼らの話にも耳を傾ける。「就職したがやめて帰ってきた。地元には、仕事をしたくても中卒では何もない。親も全然かまってくれない。先生、なんが仕事ないが、あったら世話してけろ」と聞いて困惑する。同情することしかできず、教師としてどうにもならない無力感に襲われる瞬間である。しかし、T夫だけは何としても定時制に取り戻さなければならない。

「とにかく今日は、友だちとして責任をもって必ずT夫を登校させろ」と叱る私に、「分がった先生。今日は絶対行ぐから」と約束したT夫は、その夜、2時間目になってようやく登校し、どうにか約束だけは守ってくれた。

放課後にT夫を残して面談。「父の働いている会社で、秋までにドライブインを新築する予定なので、そのとき雇ってもらえることになっている。学校も続けるつもりだ」と聞いて安心し、頑張るように激励する。

しかしT夫は、翌日から15日（火）16日（水）17日（木）と再び無断で休み続け、18日（金）も1時間目が終わっても登校しない。空き時間だった私は、T夫の家に車で行ってみた。母親は仕事で留守で、いつもの仲間3人が部屋でたむろしていた。私はみんなをきつく叱りつけ、強引にT夫を車に押し込んで連れてきた。しかしT夫は、N夫とS男が引き止めるのも聞かず、無断で早退してしまったという。

19日（土）。青森市で開催される定通総体の選手団壮行式が行われた。T夫も応援で参加することになっていたのだが、なかなか登校しないので家に電話を入れる。だがT夫は留守であった。しきりに恐縮する母親に、大会当日の出発時間などを伝言しておいたが、翌朝、バスの出発時間になってもT夫はやはり現れなかった。

22日（火）。総体による代休明けにも登校しないので、心配になって家に電話を入れる。「仕事で家を空けることが多いので、なかなか目が届きません。いくら言っても聞いてくれないんです。先生、ほんとうに申し訳ありません」と嘆くばかりで、「T夫は今夜は部屋にいます」というが、あえてT夫を電話で説得しようとはしなかった。しかしその夜、母親にうながされたというT夫は、渋々ながら登校してきたのであった。

23日（水）。1時間目が終わっても登校しない。空き時間であった私は、T夫の家に車を走らせた。母親もいて私の訪問にしきりに恐縮する。T夫の部屋に入ると、1人でテレビを観ている。再びT夫を車に押し込んで学校に連れてはきたが、3時間目が終わると無断で早退し、24日（木）25日（金）26日（土）と再び無断欠席が続いた。

28日（月）。登校しないので家に電話を入れると母親が出た。「T夫は今夜はめずらしく家にいます」と聞いて、T夫に電話に出てもらっていろいろと説得する。「これから行く」と素直に応えるので、「みんな待ってるからな」と念を押す。だが、せっかく登校したT夫だったが、N夫とS男が止めるのも聞かず、再び無断で早退してしまっていた。

「先生！　T夫はもう学校続がねんたな。同じ年頃の仲間がいないんで、やっぱし、おもしろぐねんだよ」とN夫があきらめ顔で言うと、「なんぼ止めでも聞くもんでね。まあまま、逃げ足が早くてどうにもならねじゃ」と、S男も妙なところをしきりに感心している。

T夫の家出と中退

30日（水）。職員室（PM4：30）。私に電話だというので出る。誰かが泣きながら、しきりに何か言おうとしているのだが、なかなか思いが言葉にならないようだ。電話はT夫からであった。「先生ァ！　……先生ァ！　……ワ（私）、先生さ出会えでうれしがったよ。ほんとだよ。先生のごとは絶対忘れねして……ワ、これがら立派に立ぢ直って戻ってくるして、そのときはまんだ先生さ面倒見てもらうして、いいべ先生、もう1度定時制さ入れでくれるべ」。私は何のことかとっさには分からなかったが、「これがら友だちと一緒に家を出る」と聞いて驚く。「T夫！　どこからだ。家からか。家からだな？　いますぐ行くから少し待て！　いいな！」と叫ぶと、「来るな！先生、来るな！」と電話が切れた。

教頭に事情を伝え、急いでT夫の家に車を走らせる。近くまで行くと、ちょうどN高の制服姿のBが、自転車に乗ってT夫の家から出て来たところであった。見送りにきて帰るところだったのだろう。車から降りた私に気づいたBは、あわてて自転車を道端に乗り捨て、T夫の家のほうへと駆け戻っていく。「T夫はまだ家のなかにいるな」と直感した私も、急いで追いかけていくと、ちょうどT夫がボストンバッグをぶらさげて玄関から出てきたところであった。いつもの仲間の1人が玄関で待っていた。

「とにかく話を聞こう。お母さんはこのこと知っているのか？」と追及すると、当然のことながら、「知るわけない」と、想定外の私の出現に困惑している。「行くなら行くで、お母さんからちゃんと許しをもらってから行け。どうしても行くなら先生がきちんと話をつけてやるから、とにかく今日はよせ！」と必死で引き止めながら、仲間にも、「何で家出なんかする。親は知っているのか。いったいどこに行く気だ」と詰問すると、「家に居でもおもしろぐね。仲間3人で、秋田で働いている友だちのところに行ぐんだ」と迷惑そうに応え、「T夫！　早ぐしろ。Fが待ってるんだよ」としきりに促す。私はもはや止める術もなく、仲間と一緒に走り去るT夫の背中に向かって、「向こうに着いたらお母さんに必ず電話をよこせよ！　いいかT夫！　分かったか‼」と、むなしく叫ぶことしかできなかった。学校に戻り、先生方や登校したS男とN夫にもこのことを報告し、放課後帰宅途中に再びT夫の家に立ち寄り、とにかくT夫からの連絡を待つことを母親と確認し合った。

翌朝、母親から思いがけない電話。「先生！　T夫が今朝ひょっこり帰ってきました！」。私はすぐ車を走らせた。「結局、友だちとは連絡がつかず、1晩青森で過ごし、ひとまず帰ることにした」というT夫の話を聞いて、今度は3人でじっくりと話し合う。「予定は狂ったが、今度は札幌に行くつもりだ。おばさんもいるし、定時制はもう続ける気はない。どうしても行ぐんだ！」と、母と私の説得に耳を貸さないT夫の決意の堅さに、とうとう根負けした母親は、「それじゃ、札幌に住んでる妹に連絡をしてあげる」と、しぶしぶ承諾した。しかし驚いたことに、札幌行きを許した母親ではあったが、「すみません、先生にお茶を入れるのすっかり忘れてました」と台所に立とうとした瞬間、突然倒れてしまったのだ。あわてて救急車を呼び、かかりつけの病院に運んでもらい、T夫を私の車に乗せ一緒に後を追いかけた。日頃から貧血気味だという母親は、T夫の家出を口では許しても、身体では拒絶していたのであろう。幸いにも、「もう心配はいりません。1時間ほどベッドで休んで、落ち着いたら帰ってもいいですよ」との医者の言葉に、T夫も私も安堵する。

「T夫よ、お前はこれでも札幌に行くのか。こんなお母さんを残したまま行ってしまうのか」と責める私にT夫も困惑していたが、「T夫、みんな待ってるんだろ？　もう行ってもいいんだよ。心配しなくても母さんは大丈夫だから」と、母親はもうすっかり腹を決めていた。T夫はこうして、母親の容体を気にかけながらも、仲間と一緒に、おばの住むという札幌に向かって行ってしまったのである。

容体の落ち着いた母親を家まで送り届け、T夫の将来についていろいろと話し合う。「これからも、やる気を起こせばいつでも定時制には入れますよ。1度実社会に出て現実の厳しさにふれ、高卒の資格の必要性を初めて痛感する子どもたちが多いんです。定時制にはそんな生徒がたくさんいますから」となぐさめて登校。先生方にT夫が退学することを報告し、N夫とS男にもこのことを伝え、あらためて卒業まで頑張るように2人を激励した。

家庭にも学校にも「居場所」を見つけることのできなかったT夫は、こうして定時制をやめ、クラスはS男とN夫の2人だけとなった。ときには仕事で、2人同時に欠席することもあり、誰もいない教室で、教師としての無力さを感じることもたびたびであった。

2人だけの文化祭

7月。わがクラス初めての文化祭がやってきた。N夫とS男は大いに張り切り、「青春」をテーマに映画の自主上映に取り組んだ。私が前任校で、クラスの生徒とともに制作した、8ミリ映画「傷だらけの青春」(90分)を鑑賞したS男とN夫は大いに感激し、1人でも多くの生徒に観てほしいと張り切っている。定時制教室に顔を出した学校長が、「定時制の映画上映が全日制で評判になっている。私も大いに期待しています」と言うのを聞いて、宣伝用のチラシやポスター、絵看板の製作などの準備に、ますます熱が入っていく。

この年、生徒・教師が一丸となった「定時制展示」(4年:五所川原の名所・旧跡を訪ねて、3年:白い粉の恐怖、1・2年:自主映画上映)は多くの入場者で盛況となり、実行委員会より「特別賞」を受賞した。

21日（火）。下北地方のT高定時制からA子が転入し、クラスは再び3人となる。仕事で肩をこわしたというA子は、会社にも学校にも内緒で、半ば無断で帰省し、そのまま本校に転入することになったのだ。仕事は兄夫婦の勤めるクリーニング社に決まった。A子は勝ち気な性格からすぐ文句を言う反面、涙もろく友だち思いでもある。自分が納得したことには積極的に取り組む活発な生徒で行動力もあった。

2月になって、A子はクラス初めての予餞会に積極的に取り組んだ。人数が少ないことから、私の提案で「構成詩」の群読ということに決定。遠足や修学旅行など、学校行事を撮りだめした思い出の8ミリフィルムを上映しながら、3人の合唱を盛り込んだ構成詩「贈る言葉」の群読は、例年にない文化的な取り組みと評価され、4年生を大いに満足させた。

◯2年次での取り組み（1983年度）

I子の転入とG雄とU子の編入

2年に進級してG雄（20歳）とU子（18歳）が編入し、6月に入ってI子（17歳）が転入したことで、クラスは一挙に6人となりにぎやかになる。

3年前、G雄は不登校を理由に市内の工業高校を2年途中で休学し、1年後にどうにか復学はしたが、やはり続かず数日で退学したという。その後季節労働者として上京するが、これもまた数日間で挫折して帰郷、そのまま家でぶらぶらしていたが、両親をはじめまわりの勧めで、定時制に入ってやり直すことを決意したのである。

U子も市内の全日制高校を2年の半ばで退学していた。家庭的な問題で非行に走り、シンナー、家出、スナックでのアルバイトなど、警察にも何度も補導されては、警官にも平気でたてついたと自慢げに語る。

U子の家は市内にある大きなスーパーである。U子の更正に1人苦悩する母親の必死の願いから、U子もひとまず家業を手伝いながら、定時制でやり直すことを決心したという。「母に向かって、なしておらば産んだんずよ、と言ってケンカにもなった。父にはことごとくたてついてやる」とつっぱるU子も、「高卒の資格がなければどこでも雇ってくれない。母の涙はもう見たくはない。卒業まで頑張るつもりです」と、決意を述べた。

I子は神奈川県の紡績会社で働きながら定時制に通っていたが、会社での人間関係の難しさ、寮内での先輩とのいざこざなどから退社して帰郷していた。I子は教室ではあまりしゃべらず、極端に物静かな生徒であった。通学不可能なK町の出身なので、市内にアパートを借りて、デパートのレストランで働くことになった。

春の一斉面接も終わって職場訪問すると、「1年のB子さんと一緒に、勤務態度は非常に真面目でよくやってくれています」と、売り場の主任も大いに評価してくれていた。I子は職場には大した不満もなく、「立ちっぱなしで足が疲れるけど、何とか勤まりそうです」と聞いて激励する。

G雄の決断

この年本校定時制には、G雄を含めて3人の登校拒否による転・編入生がいた。G雄はS男やN夫とはすぐ親しくなり、S男のアパートにはよく遊びに行くようになった。「自分でも不思議なくらい、すんなりとクラスや定時制生活に溶け込むことができた。このままこれからも何とかやっていけそうです」と明るく言うので安堵する。

6月。地区の生徒指導連絡協議会に出席した私は、やっかいな荷物を引き受けることになった。9月に実施予定の「西北地区高校生交通事故防止大会」での意見発表に、今年度から定時制も参加することになり、本校がその代表に決まってしまったのだ。この件を学校に持ち帰った私は、クラスのみんなに、「誰か出てくれないか」と呼びかけるが、みんな尻込みをする。定時制の生徒は昼間は働いていることから、いままで参加したことのない行事だったのである。

「学校を救うと思って、先生を助けると思って、誰か思い切って出てみないか。よし！出てくれたらレストランでビフテキでも何でもごちそうするぞ！」とエサを投げるが、「ビフテキが食べたい。でも出るのは絶対いやだ！」と全く食いつかない。クラスでただ1人働いていないG雄にも打診する。「G雄、ビフテキだぞ、ビフテキ！」、とみんなもしきりにはやしたてる。「1晩考えてからにします」と、G雄は以外にも脈がありそうな様子である。

翌日G雄が、「先生、大会には何人ぐらい参加者があるんですか？」と食いついてきた。「来賓、全日制の生徒を合わせて、まあ多くても100人程度だろう。先生も出るのは初めてだからな。どうだG雄、思い切って出てみないか。何事も経験だぞ」としつこく誘うと、「出てもいいですよ」

と思いがけない返事。「よし！　決まった。みんな！　G雄にはクラスの代表として、学校代表として、また西北の定時制代表として今度の大会に出てもらう！」と大いに強調すると、みんなも拍手で賛成した。G雄が参加することになったのには、先生方をはじめ、私自身も少なからず驚かされた。私はこの体験がG雄の再生のため、また今後の定時制をやりぬくための跳躍台になってほしいと念じていた。

大会当日。G雄は予想外の大きな集会に驚き、「先生、約束が全然違うよ」と不満の表情である。大会は５００人以上の大人数で、全日制の生徒がずらりと並んで開会を待っていたのだ。全日制の各校代表生徒とともに壇上に並び、発表の順番を待つ背広姿のG雄の顔は、緊張のためか次第に蒼白になり、ひどく気分が悪そうで心配になる。G雄はそれでも、練習よりは少し速めではあったがどうにか発表を終え、聴衆の反応も良いことから私は一安心となった。G雄に顔色のことを尋ねると、「あまりの緊張で胃が痛み出し、ゆっくり原稿を読む余裕がなかった」と残念がっている。私は思わず目頭が熱くなり、G雄の手をしっかりと握り、「よくやった。よくやった。ありがとう、ありがとう」と、感謝とねぎらいの言葉をかけていた。

レストランで約束のステーキを食べる頃には、G雄の胃痛もすっかりおさまり、顔色もよくなっていた。G雄はこの体験の自信から何事にも積極的になり、性格も優しく温厚なことからみんなに慕われ、N夫とともにクラスのリーダー的存在となっていった。

文化祭に取り組む

7月文化祭。クラスは、「子どもの文化を考える」というテーマで、1年生の応援を借りて、手作りのオモチャの制作やその他の資料づくりに、一丸となって取り組んだ。竹とんぼや竹てっぽう、水てっぽうや針金てっぽうなど、昔懐かしい子どもの遊びやゲームであふれた「定時制展示」は、子どもたちで大盛況になったのだ。全日制の文化祭実行委員会や先生方からも大変評価され、再び「特別賞」を受賞した。仕事をしていないG雄は、材料集めや買い物などで大いに活躍してくれた。春の遠足には参加しなかったU子も、定時制に入って初めての文化祭をさぼることもなく、積極的に取り組んでくれていた。

U子は意外にもイラストが上手で、絵看板や宣伝ポスターなどの資料づくりをすべて1人で担当し、定時制の生徒になりきって準備に励んでいるU子の姿には、私自身大きな喜びを感じていた。他学年が早めに準備を切り上げ帰っていくなかで、毎日夜遅くまで頑張って完成させ、クラスの一員として責任を果たしてくれたのである。「行事に取り組んで喜びを感じたのは初めての経験です。全日制ではさぼってばかりいたから」と語るU子も、どうにか定時制に「居場所」を見つけてくれたようであった。

2月。U子の家庭を訪問した。店員のおばさんたちが、「先生、U子ちゃんはちゃんと真面目にやってますよ。先生さ報告しねばまいねことは何にもありませんよ。ねっ、U子ちゃん！」とおどけて言う。U子は、「別に、何言われたっていいよ」と、照れくさそうに店の奥に引っ込む。従業員みんながU子の立ち直りを心配し、暖かく見守っているようだ。忙しそうに指揮をとる母親と、ひとくぎりついた頃を見計らって面談する。

「U子は定時制に入ってからすっかり変わりました。私もほんとに驚いているんです。店の手伝いのほうも良く続いていています。何よりも学校でのことを、私にいろいろ話してくれるんです。先生のこともよくうわさしていますよ。前の学校ではそんなことは全く考えられなかったことです。これもみんな先生のおかげです。このまま立ち直って何とか卒業まで頑張ってくれたらと念じています。もう2度とあんな苦しみだけは……」と、これまでU子の更正に苦しんだことをいろいろと話してくれる。

「U子さんは欠席しても無断で休むことはありません。遅刻するときもちゃんと電話をくれます。学校でもよくやってくれてます。クラスのみんなとも良く溶け込んで、行事のときでも自分の役割をきちんと果たしてくれ、先日の文化祭では大活躍でした。これから卒業まで長いんですから、あんまり心配ばかりしてもだめです。U子さんにはゆっくり気長に取り組みましょう。これからも非行の1つや2つはあったとしても、何かが起きたら起きたときと、でんと構えていることが大切なんです。たとえ子どもに何度裏切られたとしても、最後の最後まで親としてとことん子どもを信頼し切る、そんな姿勢が1番大切なことだと思います。とにかくU子さんが再び途中で学校を投げ出すことだけにはならないように、お互いに精一杯U子さんの卒業に向かって頑張りましょう。どんなことで相談してください」という私に、「今度こそは私も何としても頑張るつもりです。先生、本当にU子のことをよろしくお願いします」と、母親も私の訪問を大いに喜び、どんなことでも隠さずに連絡することを約束してくれた。

2年次には、転編入生が3人もあった割には心配された事故・非行の問題もなく、生徒の遅刻・欠席指導にあけくれただけで、穏やかな生活のなかに充実した1年となった。N夫やG雄、A子らの積極的な姿勢に影響されて、U子やI子たちもクラス活動によく協力し、2月の予餞会では、「名月岩木山」と題してクラス寸劇に取り組むことに決まり、みんなでにぎやかに夜遅くまで練習に励んだ。

○3年次での取り組み（1984年度）

K子の復学とR子の転入

4月。3学年になったクラスは、新たにK子（19歳）とR子（18歳）が加わり8人となった。I子と同じ町の出身だというR子は、健康上の理由で石川県の紡績会社をやめて帰郷していた。市内に住む姉のアパートに同居し、病気で働けないことから、姉が経済的にも面倒を見てくれるという。

春の面接週間が終わって、さっそくR子のアパートを訪問した。交通量の多い国道沿いのため、深夜まで騒音が激しく不眠がちだと表情がさえない。「中学校で同期のI子がいるのでクラスにはすぐ慣れた。にぎやかで明るいクラスで自分にも合っている。弟が市内の工業高校に通っていて、家族でアマチュア無線を楽しんでいる」というR子は、明るく意欲的である。

K子は、81年度4月付けで札幌の全日制高校より、本校定時制1学年に1度転入した生徒だが、本校も退学となっていた。全日制中退の理由は、部活での人間関係のもつれ、そして遠く父の元を離れた札幌の叔母のもとでの甘えの許されない生活などから、あこがれの全日制生活に挫折したという。「今度こそ父の願いに応えるため、卒業を目指して頑張る覚悟です」というK子を、大いに激励した。

9日（月）1学期始業式。SHRにあわただしく登校してきたK子の姿を目撃した4年のC夫が、「あっ！ K子来た！ K子来たぞ！ オーイK子！ お前まんだやる気なんだが？ バカでねのがお前！」と叫ぶと、4年の教室から飛び出してきたE夫も、「K子！ おめ何しに来たんだば、来ねくてもいいね、この！」と罵声を浴びせ、2人は私に強くたしなめられた。K子は2年のとき、予餞会で割り当てられた自分の役割をすっぽかして、クラスのみんなに迷惑をかけ、私のクラスのA子が急遽代役を務めたことがあった。

式後、SHRでK子とR子をみんなに紹介し、お互いに自己紹介し合う。クラスの目標として、「理由なき遅刻・欠席をすることなく、全員進級に向かって頑張ろう！」と担任として呼びかけ、放課後K子を1人残して面談し、特別に復学を許された意義とK子のやる気を再確認する。「遅刻や欠席などの連絡だけは、きちんとしなければならない」と強く言い聞かせ、「他人の誹謗・中傷を気にすることなく、今度こそ頑張って、先生方や父親の期待に立派に応えねばならない」と激励すると、K子もその決意を表明した。

だが、4月、5月中のK子の欠席は11日にもなり、無断欠席は8日もあった。

K子の怠学と父の怒り

31日（木）、6月1日（金）と再び無断欠席が続いたので、1度父親と面談しなければと考え、出勤途中K子の家を訪問することにした。父子家庭で育ったK子の住むアパートは、以前担任だったS先生と1度訪問したことがあり、またK子の父親とは何度も顔を合わせていた。父親は板前職人で、勤務する店は本校でもよく利用していたからである。

私の突然の訪問で、K子の4月からの登校状況を知った父親は激怒した。「ああー！　先生！……この子はやっぱりだめなんだわ。……お父ちゃんは、てっきり学校に行ってるもんだとばかり思っていたのに、何やってたんだお前は！」と、K子を厳しく詰問した。父親が暴力を振るうとS先生から聞いていた私は、「絶対にそれだけは……」と、怒りで震える父親をしきりになだめて、復学が特別に許されたことの意義をお互いに確認し合い、K子も父親もそして担任の私も、互いに頑張ることを約束し合った。

S先生から聞いて気になっていたMとの交際を父親に確認する。「卒業後には結婚する約束を両家で交わしている」と聞いて納得。K子にも父親にも、「Mとの交際で、再び学校をやめざるを得ないことだけにはならないように」と案ずると、「父親としてもそのことだけには常に気をつけて、2人にもよく言い聞かせている」と、しきりに恐縮する。

Mは市内の建設会社に勤める青年で、K子が2年次に進級した秋に問題を起こしたとき、担任のS先生と生徒指導部の私とで、K子と2人一緒に喫茶店で面談したことがあった。Mは最近でははめずらしく誠実そうで穏和な青年で、「あの青年とならば大丈夫だろう……」と2人で安心し合った。しかし、Mとつき合い出してからのK子は怠学が極端に目立ち始め、そのため父親も激怒し勘当寸前にまで至ったのだ。家からも追い出されたK子の生活は乱れに乱れ、ついには退学する事態にまでなったのである。その後どうにか父親とも和解して両家の話し合いも進み、K子も再起を誓って特別に復学が許可されたのだ。

翌3日（日）。K子は予定通り十和田湖へのバス遠足に参加した。今年はN夫が農作業で忙しいにもかかわらず、「1度くらいは遠足にも……」と参加し、また、しつこく私に誘われたU子も約束通り参加し、初めてクラス全員参加のバス遠足となった。K子もU子やA子たちと楽しそうにはしゃいで、バスのなかではカラオケも歌って、持ち前のひょうきんぶりを発揮していた。この遠足でクラスの団結も一段と深まり、転校生のR子もすっかりクラスのなかに溶け込んでいた。

だがK子は15日（金）16日（土）と再び無断欠席が続いた。18日（月）の1時間目が終わっても登校しない。気をもんでいると4年のY子（K子の親友で、親同士も親しい）が遅刻してきて、「先生、K子のお父さんが倒れました！」と聞いて驚く。空き時間だった私は急いでK子の家に車を走らせた。K子の父親は2年前にも吐血していた。K子はすっかり動揺し連絡どころではなかったのだ。事情を聞くと「様子を見て病院にいくことになっている。手配はお店でやってくれることになっている」と聞いて安堵する。

「お父さん、大丈夫ですか。病院に行きましょう」と心配する私に、「なあに先生、こうして横になっていれば大丈夫ですよ」とは言うが、高熱でかなり苦しそうな様子で呼吸も荒い。K子には父親の看病に専念するように告げ、学校へ戻る途中、父親が勤める店にも立ち寄り、病院の手配のことを私からもお願いする。「今度はちゃんと入院して治療してもらうつもりです。様子をみて本人を説得して必ず入院させますから」。店長の言葉にひとまず安堵した私は、学校に戻り、先生方とクラスのみんなにも報告した。

放課後下校途中、再びアパートを訪問すると、心配したとおり、K子は6月に入って就職したM電子を、15日(金)から3日間も無断欠勤していた。会社にきちんと連絡し、承諾を得て看病にあたるようにと指示する。

父親の病気や入院の付き添いなど、K子の6月中の欠席は12日で、無断欠席は相変わらず7日にもなっていた。

再び文化祭に取り組む

7月に入って、9日(月)からいよいよ文化祭の準備が始まった。私は出張で学校を空けていたが、わがクラスは一応「五所川原の未来」と決まったと委員長のG雄が言う。だが、具体的にどう取り組むのか切り口がなかなか見えてこない。A子の発案で、「五所川原の文化・芸能」はどうかということになる。いろいろと意見を出し合うなかで、N夫の村には、例年市の伝統的祭り「虫おくり」で使用する、津軽地方最大級の「虫」があるという。さっそくそれを借りて装飾をほどこし、「虫おくり」の歴史的由来を調べて資料とともに展示し、教室のなかに1カ月早い夏祭りを再現しようということに落ち着き、女性軍は1人1体、各自思い思いの「ミニ虫」をつくることにもなった。

9日、10日と風邪で休んだK子も、11日（水）12日（木）13日（金）と元気に登校し、U子やA子たちとはしゃぎながら「ミニ虫」づくりに熱心に取り組み、その責任を果たした。私は10年次研修のため2日間学校を留守にし、準備の進み具合が気になったが、「3年生はさぼる者もなく、みんな一生懸命頑張っていた。K子も頑張っていたよ」と教頭から聞いて安心する。G雄が指揮を取って計画通りに進めてくれていたのが頼もしかった。一つひとつの行事を乗り越えていくたびに、生徒たちが大きく成長していくのは教師としての喜びである。N夫が農業用トラックで運んできた西北地方最大という「虫」は、頭部だけのものではあったが、その巨大さにみんな驚かされ、教室の戸をはずしてどうにか運び入れるのに苦労したものである。この年も、定時制取組は全日制の先生方からも好評を博し、再び「特別賞」に輝いた。

18日（水）。文化祭が終わって、17日（火）にも熱を出して休んだK子が登校した。会社も16日（月）から3日間、再び無断欠勤していることを知って、K子の無責任さを厳しく叱る。「休み時間に教室でK子が泣いていましたよ。U子がしきりに慰めていましたが、何かあったんですか」と、S先生から聞かれて気になっていたことを問い質す。「最近夜眠れない。心身ともに疲れている」と、いつもと違って元気がない。K子はU子には何でも相談し、いつも悩みを聞いてもらって頼りにしていたのである。

6月に入ってK子がM電子に勤めたことで、仕事と勉強の両立に少し無理があるように感じて、私も心配になっていた。会社には必ず連絡を入れて謝罪すること、これからは無断では会社も学校も絶対に休まないことを約束させ、「期末考査を乗り切ればもう少しで夏休みだから」と激励した。

U子の家出

19日（木）から1学期末考査が始まった。K子の怠学に取り組んだ長かった1学期も終わると一息ついていた頃、20日（金）の早朝自宅に電話が入る。「生徒の父兄からですよ」と、妻から言われて何か悪い予感がした。「先生！　困ったことが起きてしまったの。U子が家出してしまったんです！」と、半分泣き声のU子の母親の声が飛び込んできた。U子は先日きちんとテストを受け、いつもと変わりない様子だったので、とっさに話の内容がつかめずにいると、「U子の最近の動向が気になって叱ったが、思わず口論となった。家を飛び出したまま帰らないので、不安になって友だちの家や街中を探し回ってもみたが昨夜からずっと帰らない。いままでもこんな事が何度もあったんです。U子の家出は間違いない。また警察の世話にならなければいけないんでしょうか。今度こそはと喜んでいたのに、先生！　あの子はやっぱり立ち直ってはいなかったんでしょうか」と、久しく忘れかけていた悪夢が再現したようなショックで苦悩する母親の様子が、電話越しにもありありと感じられた。

私はU子とのたびたびの面談や、またこの1年間のU子のクラスにおける様子や行事などへの取り組みの姿勢から判断して、U子が家出をしたとはとても考えられず、また家出したことは事実だとしても、このまま私やクラスのみんなに黙っていなくなってしまうとは、全く信じられなかった。U子はやっと本校定時制に「居場所」を見つけたと確信していたからである。

「お母さん、あんまり心配しなくてもいいですよ。必ずU子さんは連絡をよこします。それを信じて2、3日このまま待ってみましょう。いいですか、こんなときこそうろたえて判断を誤ってもだめです。落ち着いてU子さんを信じて待ってみましょう。大丈夫です、U子さんは必ず帰ってきますよ」と、ひとまず母親を落ち着かせて電話を終えたが、私も内心どうしたものかと心配でいっぱいであった。

6月の始め、U子の母親から電話があり、相談したいことがあるというので、下校途中に閉店後のお店に立ち寄ったことがあった。そのとき母親から、「U子が家を出てアパートに入りたい。店の手伝いもやめて喫茶店に勤めたいと言われて困っています。先生どうしたものでしょうか」と、相談されたことを思い出していた。

「つき合っている仲間もあまり評判が良くないようで心配なんです」という母親の不安が的中し現実となったのである。その日1日は、U子から何の連絡もなく2日目のテストを無断欠席することになったのだが、私はU子の家出の件は、先生方にもクラスのみんなにも黙っていた。

翌日21日（土）早朝8：30。わが家の電話が鳴る。U子の母親の明るく弾んだ声が飛び込んできた。「先生！　U子がたったいま帰ってきました。本当に先生の言うとおりでした。いま、U子を電話に出します。ご心配をおかけしました。本当にありがとうございました」と礼を述べながら、「U子！　先生に心配かけたんだよ。ちゃんと先生に謝りなさい！」と、U子を叱る声が電話越しに聞こえる。せかされて電話に出たU子も、「先生、いま帰りました。心配かけてすみません」と、なかば照れた口調で謝っている。「テストだぞ、ちゃんと勉強してこいよ。待ってるからな」と、私もいつもの口調で叱りながらも、内心ほっとして電話を終えた。

U子は何事もなかったように3日目のテストを終えた。放課後残して面談すると、母親も心配したとおり、「このまま東京にでも行ってしまおうかとも考えた」という。「仕事やアパート生活のことで母と口論になって思わず飛び出したが、そのとき本心に逆らって家出をしてしまいたいような衝動にかられた。友だちのアパートで1晩過ごしたが、母の顔や学校のことが頭をよぎり、やはり思い直して帰ることにした」というのだ。

「どこへ行こうが、何をしようが、誰とつき合おうが、それはU子の自由だ。しかし、今後学校に居られなくなるようなバカな真似だけはするな。途中でまた学校を投げ出して、お母さんを泣かせるようなことだけはするな。今度こそは、お母さんや家族みんなの願いに応えなければならない」と叱り、「仕事やアパート生活のことは、私からお母さんに納得させてあげる。約束する！」と説得すると、U子も仕事も学校もいままで通り頑張ることを約束してくれた。

その夜、帰宅途中閉店後の店を訪問する。母親は、「U子が店の手伝いをやめたい。喫茶店に勤めてアパートに入りたいと、どうしてもきかない。アパートでの1人暮らしは本当に心配なんです」と、これまでU子の更生に苦悩した母親の心配も無理もないことであった。

「この際、何もかもU子さんの要求を全部認めて、U子さんの自由にしてあげてもいいのではないか。いまのU子さんは昔のU子さんとは違います」という私に、母親は、「先生の言うとおり、確かにU子が変わったのは私も認めますが……」と、不安でいっぱいのようだ。「家出までしようとしたU子さんは、いくらまわりで反対しても、自分の思いを諦めるつもりもないだろうし、そのことはお母さんが1番お分かりでしょう。この際思い切って全部認めてあげ、親として何もかも許すぐらいの度量を見せることも必要なのでは。いまはとにかくU子さんをとことん信じて見守ることしかない」と助言する。「あの子は以前とは確かに違っています。私には内緒のことでも、先生には何でも話しているので驚きました。何もかも先生にお任せします。よろしくお願いします」と、お互いに今後も何でも隠さずに連絡しあうことを確認し合った。

24日（火）。夏休み2日前ではあったが、U子は母親の代わりに岩手県T市に向かった。入院することになったU子の叔母の付き添いのためだという。「不治の病で、長い闘病生活を送る妹とのふれあいを通して、U子に何かを学んでほしい、生きることの尊さを知ってほしい」との母親の切なる願いからでもあった。

K子の大宣言

25日（水）　1学期終業式。HRで1学期の総括・反省となる。遅刻・欠席の目立つ者を厳しく注意すると、K子はクラスのみんなの前で、「2学期は大丈夫です、先生。少しぐらい病気をしても這ってでも来ます」と宣言した。K子の宣言にはみんなわき上がり、年長のN夫が、「K子！いいんだが、あんまり大きなことを約束して。へば、約束破ったらどうすんだ?」と冷やかしながらつっこみを入れると、「絶対に守る。約束する。もし破ったら、みんなにカツ丼おごるから!」と、再び大宣言となった。私も、「よし！　みんなも忘れるなよ。K子、先生はちゃんとメモしたからな」と、K子の宣言を確認する。A子がすかさず、「こりゃ2学期はカツ丼いただきだよ。全部でいくらになるかな……」と茶化しながら計算を始めると、クラスは再びわき上がり、K子もみんなに冷やかされて少しムキになっている。「この問題はK子だけの問題ではない」と強調して夏休みとなる。

26日(木)。夏休みに入ると、私は通信簿とHR通信を携えて、K子の父親を病院に見舞った。「回復も順調で、あと1週間で退院できる予定です。先生、本当にご心配をかけました。いろいろとありがとうございました」と、しきりに恐縮する。K子の1学期の出欠状況を報告すると、予想外の欠席の多さに驚き、いつもの口調でK子の日常をあれこれと批判する。「日常の生活のなかで、K子さんとのふれあいをもっと大切にしてほしい。何でも隠さずに相談してほしい」とお願いすると、父親もそのことを約束してくれた。

8月27日(月)。2学期始業式、全員無事元気に登校。放課後U子を残して面談すると、予定通り店の手伝いをやめて、知人の紹介ですぐ近くの喫茶店に就職し、念願のアパート生活をはじめたという。私はアパートの住所を確認し、新しい仕事をしっかり頑張るように激励した。

真夜中の「説教」

K子の欠席は、2学期早々8日にもなり、無断欠席は6日であった。何度も平気で約束を破るK子の言葉の軽さと、叱られるとすぐ素直に反省し、進級に意欲的な姿勢を見せる性格は全く理解に苦しむもので、指導の難しさとその限界を感じ始めていた。

9月23日（日）秋分の日、24日（月）振替休日の連休が明けてもK子は登校せず、そのまま28日（金）まで4日間も無断で休み続けたのである。不審に思って放課後帰宅途中アパートを訪問すると、K子が寝間着姿で起きてきた。「風邪でずっと寝込んでいました」と、苦しそうな表情で言い訳する。父親の看病と仕事、そして1学期中頃からの自動車学校通いによる疲れと風邪が重なって、心身ともに疲れ果てている様子である。案の定、M電子もまた3度目の無断長欠をしていた。「Mも心配して見舞いに来てくれて、いま部屋にいます」と聞いて、私は部屋に上がり込んで3人で話し合いを持つことにした。

部屋のなかは乱雑で、フトンも何日も敷きっぱなしの様子。テーブルの上には、残ったつゆにカビが浮かんだままのラーメンの丼が片づけられずに置いてあり、K子の荒んだ生活を物語っているようであった。私は、風邪だと聞いて一応納得はしたが、何度も約束を破り、何の連絡もないことを強く叱った。いつものように、「父が連絡を忘れていた」と弁解する。「たとえ病気でも、這ってでも、電話ボックスに行って、なぜ自分で連絡しようとしない。それが約束でないのか」と、いつも以上に厳しく叱りながら、婚約者であるMに対しても、「今後、K子とのつき合いをどう考えるのか。またK子に同じ過ちを繰り返させるのか。立派に卒業証書を手にしたK子と、堂々と誰に恥じることなく結婚したいとは思わないのか。K子を卒業させたいとは思わないのか！」と厳しく返答を迫ると、「卒業はしてほしい……」と力無く、ボソッと応えるだけであった。

私はその夜、K子とMを2人並べて、深夜12時過ぎまで「説教」し続け、「なんとしても卒業しなければならない。このことはもうK子だけの問題ではない。そのためにはMの果たさねばならない責任は大きい！」と再び厳しく叱り、「明日も休むつもりなら、連絡は必ず自分でよこすように」と、強く念を押して帰宅した。

29日（土）「先生！　K子がトイレで倒れた！」。U子の叫び声を聞いて慌てて駆けつけた。いつになく強く叱られたK子は、風邪の治り切らぬ身体を引きずって無理に登校し倒れたのだ。ひどく苦しそうな様子に救急車を呼ぶ。A子とY子を付き添わせて病院に運び、連絡を聞いて駆けつけた父親と面談する。「クビにならないように、きちんとお父さんから連絡したほうがいい」と、M電子の無断欠勤のことを伝える。事情を納得した父親は恐縮するばかりであった。

11月8日（木）。無断欠席。トイレで倒れてから12日間も欠席が重なったK子だが、その後元気に登校し、定期考査も無事に受けていた。だが、6日（火）から再び無断欠席が3日間続き、不審に思ってアパートを訪ねるとK子が寝まき姿で起きてきた。

「身体がだるくて昨日からずっと寝込んでいました。先生、遠足には行けなくなりました。明日は必ず学校に行きます」と全く元気がない。心配になって会社のことを問い質すと、はたして無断欠勤のままであった。会社には必ず連絡することを約束させた。

9日(金)。だがK子は登校しない。放課後、下校途中アパートに立ち寄るが、K子は不在であった。会社の無断欠勤のほうも気になり、やむを得ず父親の仕事場に電話を入れる。仕事場に私のほうから電話するのは初めてのことであった。忙しい職場なので遠慮していたのである。「会社もまた無断で休んでいるようですから、お父さんのほうから必ず連絡してください。今度こそクビになりかねませんから。私は、明日から2日間、遠足で留守にしますので、何とかお父さんのほうでよろしくお願いします。帰ってからまた伺います」と、電話を切った。K子の父親は娘の欠席の多さに驚き、ただただ恐縮するばかりであった。

盛岡への1泊遠足には、男子は全員仕事などで参加できなかったが、U子がA子やI子とともに初めて参加した。春の遠足、今回の1泊遠足と、校外行事にも積極的に参加するようになったのは、U子のうれしい変化であった。

K子の涙

13日（火）。K子は遠足の代休明けにも登校しなかった。不可解に思って下校途中アパートを訪問したがK子は不在であった。4年のY子の家（喫茶店）にでもいるのではと向かうと、偶然Y子と2年のJ子に出合った。彼女たちもK子を探しているという。K子と同じ職場のM電子に勤めるJ子は、主任に欠勤中のK子の様子を見てくるように頼まれたという。Y子たちにもK子の行き先はつかめずにいた。

14日（水）PM2：00。出校途中アパートを訪問するとK子はいた。無断欠席のこと、M電子を正式に退社したのではないことを、初めて知った父親は激怒した。

「何考えてんだお前は！」と、私の眼前でいきなり怒鳴りつけながら、止める間もなくK子の頭を2度にわたって強く殴りつけていた。「お父さん！　殴ってもだめなんだよ！」と、私も父親の暴力に腹を立て声を荒げて止めていた。K子は父親に、「ちゃんとケジメをつけて退社した」と、嘘をついていたのだ。また、9日（金）の夜に、S町に住む母親に会いに行き泊まったこと、これまでも内緒で母親に時々会っていたことなどは、父親に追求されてすでに告白していた。

「もう大人なんだから、お母ちゃんと暮らすかお父ちゃんと暮らすかは、K子の自由な選択にまかせる。その気なら、今日からお母ちゃんのところに行ったってちっともかまわん。だけど、高卒の資格だけは何としても取ってほしい。お父ちゃんはそれだけが望みで働いているんだ。せっかく先生方のおかげで復学できたんだ。何考えてんだお前は！」と興奮し、再び手をあげようとする父親を必死で押しとどめながら、「今後はK子さんを殴ることだけは絶対にしない」と、怒る父親に何とか約束を取り付ける。

どうしようもない怒りといらだちに、無意識的にも手を上げてしまう父親の苦悩をまざまざと目にした私は、「身体をこわしてまで、K子のために頑張っているお父さんの苦しみをよく理解し、何としても頑張らなければならない。立派に卒業証書を手にしてMと晴れて結婚し、お父さんを安心させなければならない。だが、卒業証書だけは、お父さんにも担任の私にもどうしてあげることもできない。これだけはK子自らの手で勝ち取らなければならない」と力説し、「今後は仕事をしない。学校1本で卒業に向かってひたすら頑張ること」を、互いに再確認し合った。その後、しきりに恐縮して意気消沈する父親も、私に励まされて職場へと出かけて行った。

父親にあれほどきつく殴られても、口を真一文字に堅く結び、目を大きく見開いて1点を見据え、顔面をこわばらせながらも、涙ひとつ見せなかったK子ではあったが、父親の出勤後、初めてこらえていた涙をこぼし、自分の胸の思いを少しずつ語り始めてくれた。

「小さい頃から困ったときには、何でも父が尻ぬぐいしてくれた。いつもすぐ殴られるが別に何ともない、平気だ。じっと我慢さえしていれば、最後にはどんなことでも父が始末してくれた。ほしい物も何でも買ってもらえたし、いまでもお金は特に働かなくていいほどくれる。そんな父は大好きだし感謝もしている。父の期待に応えよう、今度こそはと思いながらも、自分にはついつい甘えるクセが染みついてしまった。こんなだらしない私は、クラスのみんなと肩を並べて学ぶ資格なんてない。A子にしろ、U子にしろ、先生方からはなんだかんだと文句を言われてはいるけど、きちんと仕事をしている。みんな仕事と勉強を立派に両立させている……でも、私には満足にそれができない。教室では、いつもひょうきんなことを言ったり、クラスのみんなと楽しくやってはいるけど、ほんとは学校に行くのがとても辛くて、苦しい……それと、いまは車のローンもあるので、父のくれる小遣いだけでは足りない。やっぱり働かなければならない。でも、働けば会社では当然1人前に扱われ、責任も持たされる。それが私にはとても辛くて重荷に思うときがある。それで疲れたときや風邪をひいたときなど、わずかな理由を見つけて安易に休んでしまうクセがどうしても直らない……最後にはやっぱり、父がいつものように尻ぬぐいしてくれることを当てにしてしまっている。そんな自分が本当に情けない。自分で自分がどうにもならない。自分のことがよく分からない……」

教室ではいつも明るく人気者のK子が、内面ではクラスのみんなに対してひけめを感じ、劣等感を抱いているという意外な告白に、担任としてK子には、あらためて、腹を決めて取り組まねばならないと決意する。「大好きなお父さんのためにも、何としても進級して卒業しなければならない。それが1番の親孝行なんだ」と激励し、K子もM電子をきちんと退社することを約束した。

T夫との再会

14日（水）から17日（土）まで、期待に応えて休むことなく、元気に登校したK子だったが、休み明けの19日（月）、最後の4時間目も始まろうとしてるのに、いまだに顔を見せない。何の連絡もなく気をもんでいると、4時間目が終ってから、「疲れて横になっていたら眠り込んでしまった。先生、すみません」との電話。「よく連絡してくれたなK子！　無断欠席だけはもう絶対にできないからな、分かってるよな！」と念を押す。

24日（土）。約束に応えて、無遅刻で元気に登校していたK子が無断で休んだ。心配になって放課後（PM8：30）アパートを訪問するが、K子は不在で愛車もなく、部屋にもカギがかかっていた。

不審に思いながらも、何の連絡もないことに腹を立てて帰りかけたとき、「あれ、先生でねが？」と声をかけながら、1人の青年が2階の階段から下りてきた。一瞬、誰であったかは思い出せなかったが、「先生、俺ですよ。T夫です」と言われて初めて気がつく。2年前、仲間と家出を繰り返して退学してしまったT夫であった。あの小柄でやせていたT夫が見違えるように逞しく成長し、すっかり大人っぽくなった姿に驚かされた。

「先生、なんでこのアパートに？」と不審そうなT夫に、「生徒の家庭訪問なんだよ。無断欠席ばかりしてるから、今夜もこうして来てみたんだ」と答える。「変わらないね、先生は。相変わらず生徒のために苦労してんだな」と、がらにもなく心配してくれる。「おまえこそいまどうしてるんだ。いつこっちへ帰ってきたんだ。また定時制に入るんじゃなかったのか？」「学校はもういいよ先生。俺は頭悪いし、勉強嫌いだから。でも、仕事は真面目にやってるよ先生。去年北海道からこっちに帰って、いまはお袋と一緒に仕事してるんだ。2人でラーメンの屋台を引いて頑張っているよ。俺は家を出て、このアパートで1人暮らしなんだ」「そうか、お母さんと屋台をな。T夫もまじめに働いて頑張っているようで、先生安心したよ。いつかお前のつくったラーメン食べに行くからな。お母さんにもよろしくな。頑張れよ！」「先生も頑張ってね」と、お互い声を掛け合っただけで、ゆっくり話す間もなくその場は分かれたが、立派に立ち直ったT夫との思いもかけない再会によって、それまでの憂鬱な心のなかに、何か暖かいものがこみ上げていた。母親を助けて屋台を引っぱるT夫の姿を目に浮かべながら、ささやかながら教師としての喜びを感じるとともに、T夫に元気をもらったような気がしていた。

守られぬ約束

28日（水）。無断欠席。前夜も不在のため、放課後帰宅途中（PM10：00）アパートに立ち寄るとK子はいた。玄関に寝間着姿で起きてきて、「昨夜はタイヤを換えて登校しようとしたところに、『授業が早く終わった』とみんなが帰ってきたので登校しなかった。今日は風邪をひいてしまって頭痛がひどく、午後からずっと寝ていました」と言い訳しながら、「先生、新しい仕事を見つけました。昨日職安に行って、ガソリンスタンドでの仕事を決めてきました」と聞いて驚く。「もう仕事はしない、学校1本で頑張ります」という約束だったので、私はつい語気を強めて叱った。

「父も知っています。3月いっぱいのアルバイトです」と聞いて、無性に腹が立った。仕事と勉学の両立に再び不安を感じたが、「今度こそはしっかりやらねば」と激励する。K子も車のローンで大変だったからである。「もうこれ以上は休めない。休むときは必ず連絡しないと、成績会議でも担任として弁護のしようがない」と言い聞かせ、「明日は何があっても、必ず出校するように！」と念を押して帰宅した。

明日からは、授業出席時数不足者に対する補習授業が予定されており、それを消化しない者はテストが受けられず単位が認められないのだ。わがクラスでは、K子の他にも遅刻の多いS男とA子、そしてU子の名前もあがっていた。

29日（木）AM10：20。K子が新しく勤めたというH石油をさっそく訪問し、主任にあいさつをする。「3月までアルバイトとして働いてもらう予定です。定時制に通っていることは、K子さんから聞いて知っておりますよ」。人当たりのよい女性の主任に、K子のことをくれぐれもお願いする。忙しそうに動き回るK子に、「頑張れよ！　今日は遅刻しないで来いよ！」と声をかけると、「はい！　大丈夫です」と明るく応え、「今度こそは」と私も安心していた。

K子は、29日（木）30日（金）12月1日（土）と無遅刻で、放課後の補習もきちんとこなし、進級への意欲を大いに見せてくれた。

3日（月）。だが、補習授業を終了したとたん、K子は無断で欠席した。不審に思ってアパートを訪問（PM10：45）するが、K子は不在で愛車もない。

4日（火）。再び無断欠席。不思議に思ってアパートを訪問するが、K子はその夜も留守で車もなかった。「また何かあったな？」と不安が頭をよぎったが、父の職場には連絡を控えた。

５日（水）。「今日こそは」と待ったが、K子はまたもや３日連続の無断欠席となった。A子やU子、４年のY子に聞いても誰も行き先を知らないという。不審に思ってアパートに行ってみるが、その夜もやはり不在で愛車もなかった。不安を感じて、父親の職場に電話をして確認するが、父親も全く知らずにいた。「まんだ仕事も休んでるんだべが、あの子？ 先生、いつもいつも心配ばかりおかけして本当にすみません」と恐縮するばかりの父親に、「会社に電話して、お父さんのほうから何か口実をもうけて、クビにならないようにしたほうがいい」と助言した。

６日（木）。しかし心配になった私は、もしかしたらK子が出勤してるかもしれないと期待して、自分で会社を訪問（AM11：45）することにした。K子はやはり出勤はしていなかった。主任と面談すると、「４日より無断欠勤しています。女の人から何度もK子さんに電話がかかってきていました。本人が働く気さえあれば、もう１度使ってみてもいいですよ」と理解を示してくれたので、「K子が出校し次第、必ずあいさつに伺わせますので、どうかよろしくお願いします」と陳謝する。

出勤途中（PM１：45）に、K子のアパートに立ち寄ってみた。玄関の戸を開ける音を聞いたK子が、私の訪問を待っていたかのように部屋から飛び出してきた。「シーッ！」と、父親に聞かれたら困るというジェスチャーを示したので、私もすぐピンときて父親を起こさずに、玄関先でK子の話を聞くことにした。K子は母親と一緒にK村に行っていたという。「祖母が亡くなったので、母親と一緒に悔やみに出かけていた。３日間いろいろと手伝って、５日（水）の深夜12

時半頃帰宅した。父には内緒で、友だちのところに泊まったことになっている。あまりにもショックが大きかったので、会社にも学校にも連絡を忘れていた」と、例によって言い訳を始める。

私は、H石油主任からの伝言を伝えて、「仕事はきちんとしなければならない。社会人としてのけじめをつけなければならない！」と力説し、「もうこれ以上、学校は本当に休めない。無断欠席は絶対に許されない！　これからも無断で休んだら、先生は何度でも必ず訪問してK子を叱る。それが担任の仕事だからだ。それでK子が言うことを聞こうが聞くまいが、怠学が直ろうが直るまいが、それはK子の問題だ。先生はただK子の担任として、自分の仕事を責任をもってやるだけだ。K子はかまわず好きなだけ休んで、いくらでも約束を破ればよい。それはK子の自由だ。何度裏切られても、先生は最後の最後まで、ただ自分の仕事をやり遂げるだけだ」と厳しく叱るが、私にはもはや叱ることしか何の術もなかったのである。

父母たちの苦悩

7日（金）。しばらくぶりでU子の家を訪問し、母親と面談した。U子はお昼を食べに毎日店に顔を出し、夜も時々お風呂に入りに来るという。母親は気にはなっているが、アパートには1度も行っていないという。私も、U子が働く喫茶店には、1度コーヒーを飲みに立ち寄ったことはあったが、アパートには行っていなかった。「機会を見て私が1度訪ねてみましょう」と約束する。「本当に心配ばかりおかけしてすみません。先生よろしくお願いします」と言いながら、U子のことや家族のことをいろいろと話してくれる。

「工業高校2年になる弟のほうは、大学進学を目標に頑張っている。U子とは違って親には心配をかけたことはない。性格もU子とは違って素直で親思いである。『姉さんは弱い人間だ。たとえ親や家族がどうであっても、自分さえしっかりしてればいい』と、姉を批判するぐらいです。どうしてあの子だけは……」と悲嘆する。「母親として、どういう態度であの子にあたればいいのか、正直分かりません。ほんとに1人の子どもでも手に余してしまうのに、先生は何人もの子どもを、よく指導できるもんですの」と感心する母親に、私もそれまでの経験とありったけの知識を語ることにした。

「私の場合は、子どもを指導するときは、何よりもまず、その子を好きになれるように努力します。どんなに手を尽くしても、その子を嫌っているときは、どうしても指導が成り立たない場合が多いものです。その子を好きになれるか、丸ごと受け入れることができるかがいつも問われます。子どもの問題はむしろ大人の問題であり、親や家族全体の問題である場合が多いのです。家族や夫婦の問題が、特定の子どもに非行や登校拒否、その他心身の病などのゆがんだ形となって現れているとも考えられます。家族全体の問題を1人の子どもが一身に背負うことで、非行や不登校などという形になることが多いのです。むしろある意味では、その子が抱える問題のおかげで、家族や夫婦の崩壊の危機をかろうじて免れているというケースもあるくらいです。1人の子どもを変えるためには、家族全体が変わらねばならないのです。そういう意味では、非行は子どもの問題であると言うよりは、むしろ大人自身の問題なのです。子どもに親自身やわれわれ大人の生き方が、鋭く問いかけられているのでないでしょうか」

U子の母親は真剣な表情で、私の話をかみしめるように聞き、一言ひとことに頷いていてくれた。「U子さんの卒業までは何としても頑張らねば」と、母親を激励して店を出た。

12日（水）。6日以来元気に登校を続けていたK子が、無断で欠席した。不可解に思い（PM10：15）アパートに寄ってみたが、K子は不在で愛車もない。「また何かあったな」と悪い予感がしたが、父親の職場には連絡を控えた。

13日（木）AM10：15。K子の勤めるガソリンスタンドを訪問する。K子はいなかった。主任も出張とのことで面談できなかったので、従業員の1人に尋ねる。「K子さんはやめたようですよ。ここ数日ずっと来てませんから」と聞いて驚く。K子は父親にも私にも、とっくに会社をやめていたことを隠していたのである。私は、もう1度父親を入れて3人できちんと話し合わねばと考え、その日、出勤途中（PM1：45）アパートを訪問した。父親と一緒にK子もいた。

K子の弁解によると、「母から電話がきて、代わりに祖母の形見分けでK村まで行ってきた。お父さんにはどうしても言えなかった。形見として櫛をもらった。会社にはいろいろと迷惑をかけたので、自分のほうからやめました」というのだ。「自分からやめたなんて調子のいいことを言って、本当はクビになったんだべな！　いったい何考えてんだお前は！　お父ちゃんにはちっとも分からんよ……先生！　もうどうしようもないよこの子は……ほんとうに情けない。申し訳ありません！」と平身低頭して、もはや怒る気力もなくがっくりと肩を落とす父親の姿に、さすがのK子も深く反省している様子であった。

私は、「今度こそは仕事をしない。探さない。学校1本で、こうなったら何がなんでも進級して、お父さんの願いに立派に応えることしか、K子がいまなすべきことは何もない。それが1番の親孝行なんだ」と叱り、「今年がその最後のチャンスだと腹をくくって、K子もお父さんも、そして担任の私も、いままで以上に本気で頑張らなければならない。いいかK子！　お父さんもそれでいいですね！」と、再度確認し合った。K子も、冬休みまで無遅刻無欠席で登校することを、父親の前で堅く約束した。K子はその日から約束通り遅刻しないで登校し、15日（土）から3日間の期末考査に臨むことになった。

17日（月）。テスト2日目。「今日は休ませてください」とのK子からの電話。「大事なテストなのになぜ休む」と叱ると、「身体が痛くて、とても学校にはいけません」と、辛そうなのでしぶしぶ承諾する。

18日（火）。テスト終了後にK子の話を聞く。その日は、H石油から3度も学校に電話が入り、3度目は私が受けた。社長が出て、「K子さんが制服を返していません。数日分ですが給料を支払いますので、ハンコと制服をもって出社してほしい」というので驚く。私は今回のK子の不始末を詫びて、「必ず本人には出社させますから」と謝罪した。K子はまたしても、きちんとした形で退社したのではなかったのだ。無断欠勤して以来、ずっとそのまま出社していなかったのである。

社長からの伝言をK子に告げて、きちんとケジメをつけて正式に退社することの大切さを諄々と説きながら、必ず出社して制服を返すことを約束させる。「先生も一緒に行こうか？」と心配すると、「1人で大丈夫です」と言いながら、「2日目のテストを休んだのは父に殴られたから」

と弁解を始める。「16日の深夜、酔っぱらって帰宅した父に叩き起こされ、いろいろ説教されて殴られた。そのまま家を飛び出し、残業しているMの会社に身を寄せた。朝になってMに付き添われて帰宅し、間に入って取りなしてもらったが、父の怒りが収まらないので、ひとまずMの家に落ち着いた。次の日帰宅すると、起き出してきた父に、『お父ちゃんがお前に何をした。何か悪いことでもしたか。何もしないのに、なぜこんなにお父ちゃんばかり苦しめる』と、再び怒鳴られて殴られた。先生には、『働かなくても、K子はちゃんと学校に行ってくれればいいんだ』と言ったけど、『自分で働いて車のローンを払え！』と殴られて、足でも蹴られて身体が痛くて休んだんです」と不平を述べながら、父親の暴力をしきりに責める。

「お父さんの苦しみをよっく理解して、これからは絶対に心配をかけないように、K子自身がしっかりしなければならない。そして、進級の意欲を先生方にもはっきりと示すためにも、冬休みまでの残り3日間は、絶対に遅刻も欠席もできない」とあらためて激励すると、K子も「絶対休みません。頑張りますから」と、明るい表情で約束した。

変わらぬK子の怠学

19日（水）。だが、そんな約束もむなしく、K子は翌日にはもう休んだのである。「すみません、用事ができたので、今日1日K子を休ませてください」との父親から電話。私は少し腹を立てて、「お父さん、もう1日も休めないんです。もう余裕がないんですよ」と語気を強めて言うと、父親もしきりに恐縮するばかりであった。

20日（木）。無断欠席。不審に思いながら理解に苦しむが、その夜はアパートをあえて訪問せず、まっすぐ帰宅することにした。

21日（金）。出勤途中（PM2：00）K子のアパートを訪問した。お客さんが来ていて話し込んでいる様子に、父親とはあいさつだけですませて、玄関先でK子と立ち話をする。「19、20日と2日間にわたって、父の友人をA町まで送り届けたので学校を休んだ」と弁解する。状況認識が全くない親子の自覚のなさに無性に腹が立った私は、「今日は2学期の終業式で大切な日だ。もし今日も来ないなら、先生はもうK子のことは知らん！　3学期はもう登校しなくてもいい！」と叱りつけ、父親にもあいさつせずにそのまま玄関先から出勤した。K子はその日、大切な3学期終業式にもついに登校せず、連絡もなかった。みんなが心配するなか、恒例のクラス新年会を5日に実施することに決めて冬休みに突入した。K子の欠席日数は72日にもなっていたのである。

22日（土）。期末考査終了後、いつになく無断で3日休み続けたU子のことが心配になり、喫茶店に行ってみた。2学期になってU子は極端に成績が落ち込み、2年次に比べて欠席も増えていたのが気になっていたのである。オーダーを取りに来たU子に、無断欠席のことを問い質すと、「相方が風邪で休んでしまい、夜も手伝っていた。冬休みは昨日からと勘違いしてました」と聞いて納得した。コーヒーを飲み終わって、新年会の場所と日程を伝言して、「頑張れよ」と声をかけて店を出ると、私はその足でK子のアパートに向かった。だが、K子も父親も不在で、通信簿とHR通信、そして新年会日程のメモ書きを玄関先に置いただけで帰ったが、K子は新年会にも顔を出すことはなかった。

25日（火）。R子が急な事情で休学せざるを得ないと聞いて、アパートを訪問した。「結婚した姉の代わりに、経済的援助をしてくれる予定の叔父が、不慮の事故で亡くなったという。春には復学したいがどうなるか分からない」と心配そうだ。冬休み中でもあり、クラスのみんなにあいさつもできず、この日R子は、I子あての手紙を私に託して、ハム仲間の1人が運転するトラックで、さびしそうに郷里へと引っ越して行った。

1月18日（金）3学期始業式。この日もついにK子は登校しなかった。R子が休学したことをみんなに告げて、「クラスからこれ以上脱落者を出さないで、全員進級を遂げよう！」と力説し、U子やA子に、K子を励ましてくれるように頼んだ。「先生！ いつもちゃんと言ってるんだよ！」と、A子は思い通りにならないK子に不満そうな様子。U子も日頃から意見しているようだが、彼女自身も欠席が多い手前、あまり強くは言えないようだ。そのことは、G雄とI子を除いて、みんな同じような気持ちでいるらしい。年長のN夫とS男も欠席が多いことをしきりに気にしている。

その日は、あえてK子のアパートを訪問することはせず、私はしばらくK子の出方を待つことにした。翌日、ようやくK子が電話をくれた。「先生、今日から学校に行ってもいいですか」と、遠慮がちにいう。「あたりまえだろそんなこと！ お前はまだ分かっていないのか。昨日はいったい何をしてたんだ」と叱ると、「先生に申し訳なくて顔を出せなかった」という。「申し訳ないならちゃんと学校に出てこい！ 待ってるからな。絶対遅刻はするなよ」と、私は内心ホッとして電話を置いた。

「つっぱり」U子の「胃痛」と決断

2月2日（土）。3学期が始まったばかりなのに、U子の欠席が11日にもなっていた。「胃痛がひどくて病院に通っている」との連絡はあったが、心配になった私は、U子のアパートを訪ねることにした。母親と約束してから、まだ訪問していなかったのである

この日、アパートを訪問したことの詳述は、第1章「学校とは『自己』を実現する『舞台』である」に既に述べたので省略するが、訪問後の私の頭のなかは混乱するばかりであった。U子はいったい、自分の「胃」のように荒んだアパート生活を続けることで、「つっぱり」の代償としての「痛み」に必死で堪えながら、何を見つけ出そうとあがき続けているのであろうか？　U子をどう学校に取り戻せばよいのか、これからのU子の指導はどうしたものかと、私の頭のなかは疑問と心配とでいっぱいになっていたのである。だが、不思議なことに、その答えは向こうからやってきたのだ。2日後には一転して、私は大きな喜びと感動を覚えることになったのである。

「先生！　私もうアパートを出ました。今日からまた家へ帰ります！」というU子の明るく弾んだ一声で、長い間答えが出ずに悩み続けていた難問が、一ぺんに解けたような喜びが、胸の奥からわき上がってきたのである。「これからはもう心配かけないで、仕事にも学校にも頑張ると母にも約束しました。絶対に卒業できるよう頑張りますから、先生、安心してください！」と聞いて、まるで、老師から与えられた「公案」の答えが、ようやく許されたときのような喜びを味わっていたのだ。それまで暗く憂鬱だった私の心のなかは、まるで千年の暗室も一ぺんに明るくなったような喜びと感激で、いっぱいになっていたのである。

K子を支えた予餞会取り組み

この年の予餞会は高校生活最後の取り組みとなることから、G雄やN夫、A子を中心にクラス全員やる気満々であった。「K子を巻き込んで、K子をしっかり支え、クラス全員の進級を果たせるように、先生方の心を少しでも動かせるような内容の取り組みにしよう」と、私も呼びかけていた。

1年次での構成詩「贈る言葉」の群読、2年次での寸劇「名月岩木山」の成功の自信から、今回は少し本格的な芝居に挑戦しようということに決まり、ヒット中の『俺ら東京さ行ぐだ』を下敷きに私が台本を書き、台詞をみんなで検討した。A子の発案で、G雄（1人兄）と担任（べご）がテーマ曲に合わせてダンスで登場し、その後津軽弁での芝居が始まり、最後に再び全員のダンスで締めくくるという構成となった。S男（かが）、N夫（おやじ）、G雄（1人兄）、K子（あば・カミサマ）、A子、U子、I子（捨てワラシ）という役割で、さっそく練習が開始された。放課後の練習にはみんな積極的で、人前に立つのが苦手のS男までが、A子やU子に主役の交代を迫られても、頑として聞かぬほど乗り気であった。K子も16日（土）から当日の28日（木）まで、約束通り遅刻も欠席も全くしないで、夜遅くまで練習に励んで進級の意欲を見せた。

28日（木）予餞会。6時がすでに回って会が始まろうとしているのに、K子がなかなか登校しない。2年前の予餞会ドタキャン事件が私の頭をよぎったが、教頭より、「いまK子から少し遅れると電話が入った」と聞き安堵した。K子はメイキャップの道具を借りるため走り回って遅れたのである。ステージバックの絵、衣装、小道具、メイキャップと、かなりの熱を入れ、みんなで工夫した成果とクラスの団結が十分に表現された舞台に、卒業生は大喜びとなった。

放課後、予餞会の成功をみんなで喜び合って記念写真の撮影となる。「あまりの緊張で台詞を忘れてしまった」としきりに悔しがるS男を、U子とI子が、「あれでかえってみんなに受けたから、よかったんだ」と慰めている。K子も成功の喜びでしきりに興奮し、みんなと一緒にはしゃいでいる。私は、2週間にもわたって、放課後夜遅くまで頑張った彼等の取り組みを大いに評価し、全員進級に向かって、残された1カ月をしっかり頑張るように呼びかけ、K子をみんなの前で激励した。

「先生、K子は本当に進級できるんだが?」と、A子が心配そうに尋ねる。「どうなるか先生にも分からん。いまは何も言えない。とにかくK子は最後の最後まで頑張るしかないんだ。いいかK子！」と念を押す。「はい！　分かってます。頑張ります……でも先生、もういいんです。もし落第しても、来年もう1度3年生で頑張るつもりでいますから」と、決意を述べるK子は、「予餞会取り組みを通して、みんなの思いは十分に感じている。自分では今年はもう進級できるものとは思っていない。みんなの期待に応えるためにも、来年もう1度3年生をつとめる決意でいる」というのである。私はK子の欠席が、規定日数をオーバーしてしまったことが本当に悔やまれた。

K子の欠席は87日にもなり、私の家庭訪問も、無断欠席が多かったことから34回にも及んでいたのである。

進級認定会議

3月4日（月）。「K子の家からいま電話が入って、K子がケガをしたので休むそうです」と、事務からの伝言。不安になった私は、放課後（PM10：10）アパートを訪問してケガの状態を確認した。思ったより大したこともなく、「明日からは出校できます」と聞いて安心する。K子は昼に、猫を抱いたまま階段で足を踏み外して左足首をネンザしたのである。

翌日には、第1回目の進級認定に関する会議が予定されており、授業時数不足者に対する補習授業の持ち方と、その該当者の扱いに関する話し合いをもつことになっていた。私はK子にそのことを伝え、「今後は何があっても1日も休めない。進級するためには遅刻も絶対許されない。分かっているのか」と確認を迫ると、「もう絶対に休みません。大丈夫ですから先生！」と固く約束した。

5日（火）。職員会議に先立って、父親との話し合いを3人でもう1度もたねばと考えて、出勤途中（PM2：10）家庭訪問する。父親はまだ就寝中であったが起きてもらって、K子と父親の考えを確認することにした。

「G高卒の資格さえあれば、親として安心できる。K子をこれからどこへ出してやっても恥ずかしくない。それさえ取ってくれれば、父親として、あとは何にも心配することはない。ただただそれだけが望みで働いてきたんだ。K子が何をしてたって、どこへ行ったって、たとえお父ちゃんが独りぼっちで暮らすことになったって安心していられる。先生には、いつもいつも迷惑ばかりかけて、本当に申し訳ありません」。父親はこの1年間のK子に関する報告を聞いて、進級はすでにあきらめ恐縮するばかりであった。

K子の考えは、クラスのみんなの前で確認してはいたが、あらためて父親の前でも確認することにした。「いま学校を離れてしまえば自分はもう立ち直れない……だめになってしまう」と涙ぐむK子に、「落第してもお父さんの願い、先生やクラスのみんなの期待に応えるためにも、本当にもう1度3年生をつとめて、卒業まで頑張り抜く覚悟ができるのか。お父さんの前で約束できるのか」と迫ると、「もし学校に残してもらえるのなら、今度こそ卒業までしっかりと頑張る決意です」と、K子も涙ながらに言い切った。父親もK子の決意に同意してくれたので、「K子の決意とお父さんの思いを職員会議で伝える」と私も約束して、その足で出勤し会議に臨んだ。

この日、学年末考査終了後の20日（水）に予定された、校長を交えての進級認定会議に先立って、各教科・科目の欠課時数オーバーの問題生徒をどう扱うかの議題で会議がもたれた。全校かなりの該当者があり、わがクラスでもK子（3科目）の他、U子（1科目）の名前があがっていた。私はこれまでもたびたびK子に関しては、先生方に口頭で状況を報告してきたが、その日は特別にレポートを用意して会議に臨むことにした。K子の問題は本校生徒に共通する顕著な問題であると考えたからである。会議では3学期にも補習授業を実施するということに決まり、ひとまずK子も、U子たちに混じって受講することにはなった。しかし、K子の進級問題に関しては、欠席日数が88日という規定をはるかに超えたものであることから特に論議はされず、私からのレポートの一読だけに終わった。先生方一人ひとりの意見を聞くことができず残念に思った私は、認定会議の前日、レポートを詳しく書きあらためて、学校長に持参して一読をお願いすることにした。

20日（水）。進級認定会議。レポートを詳しく読んだという校長は、「私としては、不足分の日数を春休み中に出校させて、特別に指導を加えた上で、K子の進級を認定したいと思いますがいかがでしょう……」と、先生方の意見を求めた。前担任のS先生をはじめとし各先生方もこの日は、「K子の進級を認めてやりたい」と、それぞれ意見を述べてくれた。「この子にはまだ優しい心が失われてはいませんね。私も1度会って指導しましょう」という校長は、「来年は本当に頑張ってやれるのか。みんなの期待に応えられるか、約束できるか。どうだ！」とK子に決意を迫り、「本当に約束できるのなら」と握手を求めた。K子も、「来年こそは先生方の期待に立派に応えられるように、しっかり頑張ります。約束します！」と、校長の手を握り返していた。

こうしてK子の進級は土壇場でどうにか認定され、K子にとっても私にとっても、長く苦しかった1年を終えたのであった。

○4年次での取り組み（1985年度）

最後の文化祭

4年になってH男が編入となった。N高や無職少年など4人の仲間と無免許運転の車で事故を起こし、H男は3年途中でC高を退学となっていた

「前の学校ではよくいじめられた。学校がおもしろくなくて、仲間に誘われるままついバカな

ことをしてしまった。定時制では、先生方もクラスのみんなも温かくて、自分のような者にもよくしてくれる。これが本当の学校というものだと思う」としみじみと語るH男は、「卒業までは絶対頑張りますから、よろしくお願いします」と決意を示した。進学を希望したH男は、G雄と一緒に授業前の進学補講にも積極的に参加した。

7月。クラスは、「津軽の信仰と祭り」というテーマで、3年生の応援を借りてG高祭に取り組んだ。高校生活最後の文化祭ということから、G雄やN夫を中心に短い準備期間にもかかわらず、全員一丸となって毎日夜遅くまで準備に励んだ。公開日の前日にどうにか教室のなかに、「金木川倉地蔵堂」や「岩木山お山参詣幟」などの大作を完成したときには、自分たちの作品の予想以上の出来映えに大いに満足し、みんなで完成を喜び合った。

G高祭への参加は、毎年本校生徒会も頭を悩ます最大行事であり、そうしたなかで毎年クラス一体となって取り組み、「定時制展示」を大いに盛り上げてきた。そしてその内容も、全日制G高祭実行委員から高く評価されてきたことは、彼等の誇りであり、今年の作品は特に自信をもって発表できる力作として、初めて「優秀賞」を獲得することとなった。定時制展示には、毎年全日制の先生方も鑑賞に訪れて、「これが文化祭というものだ。毎年定時制の展示を楽しみにしているんですよ」と評価されていた。

U子やK子も毎日みんなと一生懸命に取り組み、K子は、「今年の文化祭は今までで一番頑張った。みんなでやれば何でもできるんだなあと思ってうれしかった」と喜びを語り、U子も文化祭での感激を次のようにHR通信に書き残している。

「最後の文化祭もとうとう終わってしまった。いつになくみんな一生懸命力を合わせてやってきた。私も思わず1週間、休むことなく準備した。2年生のときから3年間、今回が一番頑張ったと思う。できあがったときの飾り付けを見て、私たち4年生は人数も少ないのに『偉いな』と、つくづく思った。とにかく来年はやりたくてもたぶん（?）できない文化祭、今年の文化祭はとってもいい思い出になりました」（HR通信「ふれあい」第15号）

それぞれの進路

２学期に入って、進路のことでH男の家庭を訪問する。両親はH男の更正に熱心で、進路のことをいろいろ心配していた。父は、H男の短大の進学はあきらめたという。H男は、遊び仲間との交友関係が多いことから怠学も目立ち、両親や私を最後まで心配させた。だが、N夫をはじめ、幼なじみのU子や中学の同期であるA子たちなどから厳しく叱られては、よく意見されていた。クラスのみんなに引っ張られながら、大した問題を起こすこともなく、心配した就職も２度目で市内の大型電気店に内定を決め、両親の喜びもひとしおであった。

卒業にあたって、新しく就職を希望したのはH男とU子だけであった。G雄はその後両親との話し合いからやはり公務員を受験し、それがだめな場合には、市内にできた国立職業能力開発短期大学校を目指すことになっていた。G雄は全日制の生徒に混じって公務員模試に取り組み、同時に先生方の協力を得て、夏・冬休みの補講にも取り組んで頑張っていた。

A子は進路で大いに迷い悩んだが、家庭の事情から専門学校への進学を断念してクリーニング社で卒業後も頑張ることになった。I子もいままで通りM電子で働くという。I子はデパートのウエイトレスをやめ、前年の1月からM電子で臨時社員として働いていた。

何事にも真面目に取り組むI子は、1年間の勤務ぶりが評価されて、4月からは正社員にしてもらえるという。11月の授業参観日で、I子の進路について母親といろいろと話し合った。「M電子のことは父親も賛成して喜んでいます。I子が本当にお世話になりました。あの子の性格もだいぶ変わってとても明るくなり、私たちも喜んでいます。卒業してからも、I子のことをよろしくお願いします」とうれしそうにお礼を述べながら、「卒業式には必ず出席いたします」と約束してくれた。

親子悲願の卒業式

2月6日（木）。U子の家にその年3度目の訪問をした。U子は10月に、美容部員の受験に1度失敗していた。その後は適職もなく、本人もまた、「社長が何かとよくしてくれるのでやめづらくなった。このまま喫茶店に勤めていることにします」とのことだったが、母親の意見も1度確認しなければと思っていたからだ。

「あの子が希望するのなら、本当は就職口はいろいろあるんです。でも、本人の好きなようにさせます」という母親は、「先生には本当に、親子共々お世話になりました。おかげ様でU子もどうにか卒業できそうです。ありがとうございました。これからも私たち親子を見捨てないでくださいね。U子が卒業してからも、いろいろと相談に乗ってあげてください」と、うれしさ満面でお礼を述べる。その日の訪問には、もう1つの目的があった。「仕事が忙しく、また弟の卒業式にも出席しなければならず、そのためU子の卒業式には参加できない」とU子を通して聞いていたので、出席依頼の訪問でもあったのだ。

「お母さん！ U子さんの卒業式には必ず出席して、『頑張ったね』と、一言お祝いの言葉をかけてあげなければだめですよ。その一言を言うために、いままでのお母さんの苦労があったんですから」とお願いすると、「私も仕事が忙しいし、あの子もまた来なくてもいいようなことを言うものですから、つい不参加という返事を出しましたが、それならばぜひ出席させていただきます」と、約束してくれた。

U子は高校生活5年目にして、弟と同時に念願の高校卒業を迎えることになった。4年に進級してからのU子は、1学期のスタート早々に交通事故でむち打ち症になり、また仕事や幅広い交友関係から欠席も目立ち、相変わらず母親や私を心配させた。だが、無断で欠席することは1度もなく、学校行事にも積極的に取り組み、K子と2人で最後まで何とか頑張り抜いて、補習授業を受けながらも、ようやく親子悲願の卒業となったのである。

式終了後、K子と2人で職員室にやってきて、「先生のおかげで卒業することができました。働きながらの勉強が、こんなにも大変だとは思ってもみなかった。母の手前、一応は定時制に入ったが、正直途中で何度もやめたいと思った。自分でも1年ももてばよいと思っていた。いまこうして卒業できて、本当に良かったと思います。先生ありがとうございました」と感謝の言葉を述べながら、「実は、先生に2度だけウソをついたことがあるんです」という。「何のことか？」と尋ねると、「2度だけどうしてもお金が必要で、スナックでアルバイトしたことがあるんです、ごめんなさい！」と白状した。1度は3年の冬。アパート生活をしていた頃である。例の和服を着て本店のスナックで働いていたのだ。2度目は4年のときだという。3年次の2月、「U子によく似た女性がスナックで働いている」と、たまたまサークル仲間の教師から聞かされた私は、U子にそのことを確認するが人違いとのことであった。だが、心配になった私は、放課後帰宅途中、その店をのぞいて見ることにした。U子の姿は見えなかったので私はそのまま安心し、U子もまたバイトをやめていたのだ。

「いままで何でも隠さず話してくれたのに、どうしてだ？」と聞くと、「先生に心配かけたくなかったから」と弁解する。K子も横から口を挟んで、「先生だきゃ、すぐ心配するんだもの」と同調する。「今朝、お店のみんなからお祝いの言葉をかけられた。G高の制服姿の私を見て、初めて定時制に通っていたことを知った隣近所の人たちからも、『卒業おめでとう！』と声をかけられて、卒業の喜びを初めて実感しました」と、うれしそうに語るU子の笑顔に、就職を内定できなかったことがしきりに悔やまれた。卒業を前にしてU子は次のように書き残している。

「短かったようで、やっぱり長かった学校生活。入る前までは、あれもやりたい、これもやってみたいなと希望に胸をふくらませたけれども、現在思うことは、あれも、これも結局できなかったという、非常に残念な結果となりました。

それでも、このクラスの人たちと3年間勉強できて、本当に良かったと思います。それに後藤先生も、怖いけどとても良い先生でした。たぶん、先生が担任でなければ、私はもうとっくにやめていたことでしょう。（卒業できると仮定して）先生、3年間ありがとうございました（U子）」

（HR通信「ふれあい」第32号・最終号）

K子の「生活体験発表会」第1位入賞

卒業証書授与の代表には、N夫とともに4年間働きながら学び通したS男が、定時制卒業生答辞代表には、推薦ですでに国立職能短大に合格を決めていたG雄が選ばれた。「4年になって1番頑張ったのはK子だ。先生、K子にも何か代表はないんですか」というU子の推薦から、卒業生記念品贈呈の代表には、K子が選ばれることになった。4年に進級してからのK子の頑張りは、クラスの誰もが認めていたからである。

4年になってからのK子は、Mとの結婚そして出産と大きなできごとが続き、相変わらず欠席の多い1年となったのだが、主婦として家事・育児の忙しさに追われがらも、夫に励まされて、何とかU子と一緒に最後まで頑張り通したのである。無断欠席は1度もなく、先生方やクラスのみんなが驚くほどの変化をみせたのだ。私もその年は、家庭訪問も2度しかしていなかった。9月にはクラス代表、学校代表として地区生活体験発表会に出場し、「定時制と私」と題して、堂々と自分の5年間の高校生活を語って、見事第1位に輝き、校長はじめ先生方や父親を驚かせた。10月には地区代表として県大会にも出場し、入賞こそ逸したが、K子にとっても私にとっても、終生忘れがたい思い出となった。

「K子では子育てに失敗したが、孫だけは厳しく育てますよ」と会うたびに語る父親は、新しい息子と孫、そして見事に変容した娘に囲まれて、住まいも新築の市営住宅に移り、幸せそのものという様子であった。

学校長との握手

2月。この年の予餞会は例年になく低調で、各クラスによる出し物が全くなかったのである。私が年間の各種行事を撮影した8ミリフィルムの上映と3年女子3人によるカラオケだけで終わり、例年になくさびしいものであった。K子は、「卒業生お別れの言葉」のなかで、無気力な後輩たちを厳しく批判し、有志の取り組みはきちんと評価しながら彼女たちの勇気と意欲を称え、自分の高校生活を振り返り、涙ながらに反省の言葉を語ってくれた。先生方へきちんと感謝の言葉を述べ、後輩たちを激励するK子のお別れのあいさつには私自身感激し、K子の将来に明るいものを感じていた。前担任のS先生も、「K子のあいさつには深く感動し、後輩たちへの批判は、我々教師への厳しい批判と受け止めた。その夜は遅くまで寝付けなかった」と、しみじみ語ってくれた。

3月8日（土）卒業式。記念写真の撮影後、K子は再び学校長との握手となった。K子の定時制1番の思い出は「校長先生との握手」であり、校長先生の手の温もりを忘れずに最後の1年間を頑張ったと、HR通信「ふれあい第24号」にも書き残している。

「定時制で学んだ1番の思い出は、校長先生と握手をしたことです。来年はきちんとやると約束して握手をしたのですが、そのときの手の温もりを忘れぬように頑張ってきました。しかし、最近だらけぎみなので、また頑張らなくちゃと思っています。

大変なのはみな同じ、そう思えるようになったのも、ここに来てからでした。定時制では、私はたぶん少しは世のなかを知り、少しだけ大人になったと思います」（K子）

卒業式には、例年になくクラス全員の父母たちが出席し、なかにはN夫の妻の姿も見られた。11月にS先生と一緒に、「リンゴもぎ」の手伝いに行ったとき、出席を約束してくれたのだ。「4年間かが（妻）さ、大変苦労をかげだ。ほんとに世話になった。こうして卒業まで頑張れたのも、みんなかがのおかげだ」となかば照れながらも、妻に感謝の言葉をかけている。

謝恩会の席上、父母たちは尽きることなく子どもたちの話題に興じ、G雄の父親は定時制に入ってからの息子の変容の驚きと、G雄の答辞に対する父としての感動を語ってくれた。私もまた、「全日制の父母たちが、式終了後、玄関に立っていたG雄君に駆け寄って、『あなたの答辞には本当に感動しました。これからも頑張ってくださいね。卒業本当におめでとう！』と激励の言葉をかけてくれたそうですよ」と報告しながら、「G雄くんはこれからが本当の勝負です。お父さんももうひと頑張りですよ！」と激励した。あらためて喜びを隠しきれない様子の父親の笑顔に、私も卒業生担任として大きな喜びを感じていた。K子とU子の父母たちは、いつもの口調で、娘たちをあれこれと手厳しく批判しながらも、卒業の喜びを満面に表し、先生方一人ひとりに感謝の言葉を述べて、謝恩会終了後あわただしくそれぞれの仕事場へと向かっていった。

11月。U子は卒業後も勤めていた喫茶店をやめ、仙台へと向かった。自力で専門学校に進学するための準備である。

12月。職員室にU子からの電話。「先生、広告代理店での仕事も見つかりました。仙台での生活もようやく軌道に乗って、元気でやっています。春からは専門学校でインテリアデザインの勉強に頑張ります！」

いまようやく、本当の自分に向かって飛び立とうとする、U子の明るく希望に満ちた声が飛び込んできた。

第6章　教育実践番外編

1　涙の修学旅行反省会

長い教師生活のなかで、生徒の前で、なりふり構わず号泣したことが2度あった。1度は全日制で、クラスの大切な仲間を退学で失ったとき、自分の無力さに声をあげて泣いた。2度目は、D高定時制での修学旅行「喫煙事件」の反省会のときであった。

「約束を破ったんだから、これからどうすればよいか、みんなでよく話し合って結論をもってきなさい」と、ただ一方的に叱ることはせず、担任団は席をはずして生徒に時間を与えて話し合いをもたせた。彼らの心からの反省を期待してのことだが、5分も経たないうちに生徒会長が呼びにきた。「先生、約束を破った私たちが悪いので、約束どおり連帯責任として、明日の自由行動はやめて、全員旅館で謹慎することに決まりました」と聞いて、あきれると同時に無性に腹が立った。隠れてたばこを吸った2人の生徒はまだしも、ろくに話し合いもせずに、「全員謹慎します」というのだ。明日からは修学旅行も最終日程で、東京に移動しての楽しい自由行動も待っている。生徒たちもみんな、1番楽しみにしているはずだ。われわれ教師にとっても日程上、奈良の小さな旅館でこのまま留まるのも正直困るのだ。そんなわれわれ教師の足下を見透かし、出方をうかがうような彼らの賢しらな態度に、1度振り上げた拳をどう収めるか、私は旅行団長として一瞬判断に迷っていた。だが、結局は、彼ら全員のホンネを引き出すことしか他に術はない。

「反省して謹慎してるだと！　D夫！　それはお前の本心か！　ろくに話し合いもしないで、それは本当にみんなの意見なのか！　心にもないことを言うもんじゃない！」「S夫！　なぜ素直に謝れない。自分は謹慎しても、みんなには東京に行ってほしい、自由行動させてほしいとなぜ言えない！」「B雄！　みんなで謹慎するだと？　本当にそれでいいと思っているのか。自分が悪かった、自分のせいでみんなに迷惑をかけた。みんなには自由行動させてほしいとなぜ反省できない！」「M子！　明日の東京でのお兄さんとの面会はどうするんだ。東京に行かなくて本当にいいのか？　なぜ自分の意見を言わない！」「C子！　お前はどうなんだ。本当は、東京に行きたいんだろう！　この狭い旅館で、1日中謹慎してるのか？　本気でそう思ってるのか？」「N子！　お前も謹慎してるのか。東京に行きたくないのか？　先生は、みんなの本心が知りたいんだ。先生もみんなと一緒に東京に行きたいんだ！　自由行動がしたいんだ！」など、あふれる涙もかまわずに大声を張り上げて、30人にも満たない生徒全員の名を呼びながら、一人ひとりの本心を厳しく追求していった。

2年の担任であるT先生も、「なぜみんなは素直に反省できないんだ」「先生は、なにもみんなに謹慎してほしくて言ってるんではない！」「そんな先生方の気持ちが、みんなは本当に分からないのか、先生は本当に悲しい、くやしい」と、泣きながら生徒たちの心からの反省を迫った。3年担任のS先生も、4年担任のA先生も、教師全員で涙ながらに生徒たちの反省を促した。結局は、「本当は、東京で自由行動がしたい」「東京に行きたい。兄が待っている」「東京に行かないと困る。親戚の人と面会できない」などという、全員一人ひとりのホンネを引き出した私は、「みんなの本心はよく分かった。明日も朝が早い。もう遅いから、今夜は静かに反省して寝なさい。明日は、東京での自由行動をみんなで思い切り楽しもう！」と、旅行団長としての権限と責任でことを収めることにした。生徒たちもその夜は深く反省したらしく、「見回り」役のT先生からは、「いつもとは全然違って物音ひとつたてないで、全員静かに休んでますよ」との報告がされた。

翌日、東京では、何事もなかったように各自思い思いに自由行動を楽しみ、帰りの夜行寝台では、いつものようにみんな明るい笑顔で楽しそうにはしゃいでいた。

2　悪夢のキャンプ事件

これまでも、生徒の前で、教師としての姿勢や決断を迫られることがよくあった。忘れられないのは、同じD高定時制でのキャンプ事件である。生徒の目の前で、教師として、また人間としての器が試された事件でもあった。D高定時制は、西北五津軽地方の最北端に位置している。生徒会で初めて企画された夏休みのキャンプが、同地方最西端に位置するF町のキャンプ場で2泊3日で行われた。F町は私の生まれた地でもあることから、生徒会顧問のT先生に同伴して引率することになった。最終日、事故もなく、楽しかったキャンプも無事に終わり、これから帰るというときである。予期せぬことに、車での参加は固く禁じていたにもかかわらず、兄貴の愛車を借りたという4年のG男が、クラス仲間のF夫とH雄の2人を誘って、キャンプ地に突然顔を出したのだ。不運にも、旅行会社の送迎用マイクロバスが1時間近くも遅れたのが、悪夢の始まりであった。

「いいかG男！　絶対安全運転で、バスの後ろをついて来るんだぞ」と言い聞かせ、無事に帰れることに安堵しながら、心地よい疲れのなかでウトウトしていた私は、「あっ先生！　後ろでなんか起きてるよ。車同士で競争してる！」と、K子の叫び声で目が覚めた。思わず後方に目をやると、いきなり、数人の若者をのせた1台の車が、猛スピードでわれわれが乗ったバスを追い越して行く。「なんぼ荒げね運転だばな。いったいどごの若げもんだ！」と、バスの運転手と助手の2人が腹を立てている。しばらく行くと、突然、われわれの乗ったバスの前に1台の車が強引にも横付けされ、行く手を阻まれた。さっきの無謀運転の車であった。何事が起きたのかと驚いていると、彼らの目当てはわれわれが乗ったバスではなく、後ろの教え子が運転する車であった。いきり立った1人の若者が、「おい、この野郎、表に出ろ！」と大変な剣幕で、G男の運転席のガラス窓を両手でバンバン叩いている。G男たちは窓を閉め切って、車から降りようとしない。私は、反射的にバスから飛び降りていた。怒り狂った若者に近づいて、必死で彼の怒りをなだめながら、G男にも空き地に車を移動させるように指示した。空き地では、頭に手ぬぐいを巻いた地元の漁師らしき若者が3人、それぞれ木刀や石、チェーンなどを手にして我々の到着を待ち構えていたのだ。不思議なことに、私の心は平静であった。問題の真っ只中に自ら飛び込んだ瞬間、心は統一されてむしろ冷静な状態になっていたのである。

　空き地に移ってからも、車から出ようとしないG男たちに、兄貴分らしき若者は、「この野郎！勝負しろ！　外へ出ろ！」としきりに怒声を張り上げ、怒り狂っている。「なんとしてもケンカだけは避けなければ」と、私も必死になってその若者をなだめてはいたが、業を煮やした仲間の1人が、止める間もなく、「ウオーッ！」と野獣のようなうなり声をあげながら、それまで抱えていた石を両手で頭上に振りかぶると、いきなりG男たちが乗った車の後部座席の窓ガラスを叩き割ってしまったのだ。「アーッ！　とうとう始まるのか」と内心覚悟を決めたが、これから起きようとしている不穏の事態を、なんとしても避けなければならないと直感した私は、まずG男たちに車から降りるように促した。他の生徒と一緒に空き地の1カ所に集め、同伴のT先生とバスの運転手たちに、「どんなことがあっても生徒には手を出させるな。ケンカにならないよう生徒たちを押さえていてくれ」と指示をした。漁師町で育った本校生徒のなかにも、4年のF夫やH雄など、結構血の気が多い生徒もいたからである。「何が起ころうと、生徒たちにケガだけはさせてはならない」「どんなことをしても、生徒の命だけは守らなければならない」と、とっさに腹を決めていた私は、仲間の兄貴分らしき若者に食い下がってはひたすら説得を続けた。

「彼らはうちの学校の生徒なんだ。まだ未熟な未成年だ。世のなかのことは何も分かっていない学生なんだ。腹も立つだろうが、何とか我慢して、許してほしい、このとおり謝る、お願いする！」とひたすら頭を下げ続け、若者の両手を握りながら、懇願し続けた。

「あいつらは俺たちに、『バカ野郎！』と叫んだんだ。俺たちをなめてんだ！　ケンカを売ったんだ！」「俺の車に傷つけやがって、どうしてくれるんだ！　おい！　この野郎、勝負つけようじゃないか！」などと、G男たちをにらみつけながら、怒りがおさまるどころか、いまにも飛びかからんとするばかりである。私は、それまで握っていた両手で彼の身体を抱きしめて押しとどめ、背中をさすりながら必死に彼の「情」に訴え続けるしかなかった。

「私は、君と同じこのF町で育ったものだ。君もO中学校の出身か？　それじゃ私も同じ学校の同窓生だよ」「俺らはF中だ」「そうか、F中もO中も同じ土地の出身じゃないか。君たちは立派に働いている社会人だ。大人なんだ。うちの生徒は、まだよくものも知らない、ただの子どもだ。腹も立つだろうが、同郷のよしみで、何とか許してほしい。このとおりだ、頼む」と、深々と頭を下げて、こちらから一方的に譲歩して、ひたすら相手を立てながら、懇願し続けるしか術はなかった。

「あいつらの態度は気にくわないが、先生の気持ちはよく分かった。それじゃ、俺の車の傷はどうするんだ」と、幸いにも相手の怒りの気持ちも次第に鎮まりかけている様子だ。追いつ追われつの競争のなかで接触して付いた傷だというが、傷というほどのものでもなく、ほんのかすり傷である。「もちろん、修理代はこっちでもつ、それで何とか許してくれ」と頼み込むと、「すぐ近くに友だちが働いている整備工場がある」という。T先生に生徒を任せて、若者の運転する車に同乗して、さっそく工場へと向かった。「1万円ほどかかるな」との修理工の見積もりで、その場で、若者に1万円を支払い、再び同乗して、生徒たちが待つ現場に戻った。

G男の車の壊された窓ガラスの件もあったが、そのことは口に出さずに、相手の要求に素直に従うだけにした。生徒を守るためには、正義がどちらにあるかなどは問題ではないのだ。とにかく、父母たちから預かった大切な生徒の身体には、傷1つ付けても申し開きはできないのだ。こちら側が一方的に譲歩してでも、ひたすら、相手の怒りを鎮めることで、事態を収拾するしか術はない。ことが起こった瞬間、私の頭をよぎったのはそのことであり、その1点だけに集中して問題に対処するのが、何よりも肝心だと直感したからだ。生徒に対する教育的指導としては、不十分な対処だとは思っていたが、私としては、それしか方法は考えられなかったのである。若者たちがようやく納得して去り、再びみんなでバスに乗り込み、安心して帰途についたとき、私は、初めて悪夢から覚めたような気がして、嵐が過ぎ去った穏やかさのなかで、無事に生徒たちを守りぬけたことの喜びをかみしめていた。

「いやーっ！　先生！　大したもんですな。あれだけの事件を無事におさめるなんて、本当に感心しましたじゃ。一時はどうなるかと心配で心配で、いまにも乱闘が始まるんじゃないかとはらはらしてたけど、さすがに学校の先生だな、大したもんだな！」と、運転手と助手の2人はしきりに感心している。私は、「事件の1番の原因は、あなたたちが予定の時間に遅れて来たからじゃないか。だからこんな目にあったんだよ！」と、文句の1つも言いたい気持ちを安堵のなかでぐっと押さえていた。一方、生徒たちは、大きなショックを受けたようで、学校に到着するまでの間はみんな無言のまま押し黙っていた。

「みんなも、今日の事件での先生の対処の仕方には、納得がいかない点もあるだろうけど、何とかこうして、みんなが無事に帰れただけで良しとしてほしい。ただ1つ心配なことは、これからみんなで彼らに仕返ししようなんてことだけは、間違っても考えないでほしい。今後、争いごとは絶対にしないように！　これは、私とT先生からのお願いだ」と言い含めて、悪夢のキャンプを解散した。

その後、「兄貴に謝るのに1人では心細い、先生も一緒にきてくれますか」とG男に頼まれて同行した。ことの顛末を私から報告し、大切な兄の車に傷を付けたことを2人でわびた。G男は、兄にこっぴどく叱られながらも何とか許してもらい、私も一安心となった。それでも、両親も兄も、G男が無事に帰ったことを大いに喜び、あらためてG男の不始末をわびながら感謝の言葉を述べてくれた。再び学校に戻ると、T先生がコーヒーを入れて待っていてくれた。修理代の半額を負担してくれ、「生徒会顧問として、無事にキャンプを終えることができたのは、先生のおかげです。本当にありがとうございました」と、心から感謝してくれた。

とにかく悪夢のキャンプ事件も、こうして無事に一件落着となったのである。「窓ガラスが割られたときには、正直俺もこれでもう終わりかと思ったよ」「先生、生徒も無事で、新聞沙汰になるようなことにならなくて、本当によかったです」と、互いに安堵の胸をなでおろしていた。

3　「不当人事」に物申す

19××年4月。全日制K高新任式。最年長の私は、新任教師を代表してあいさつすることになった。体育館が少しざわつき始める。生徒たちは驚いているのだ。つい1年前の3月の離任式では、私は転任教師としてお別れのあいさつをしていたからだ。そのとき別れた1年生の教え子たちは、もうこの4月から3年生である。授業を受け持った多くの生徒たちが、いま再び私の目の前にいるのである。

1年前の3月、私はK高全日制から、同校定時制に転任を命じられた。物理的には、2階の全日制職員室から同じ階の定時制職員室に移動しただけだが、転任は全くの想定外であった。確かに「個人調書」には、定時制高校を第2希望にしていた。勤務年数3年以上の者は、転任を命じられる場合を想定して第2希望も書かねばならないからだ。

私はこういう事態を想定して、「留任を強く希望する。しかし、万一転任を命じられる場合は、定時制を希望する」と記述欄に書いていた。実は、内心では同地区のT高全日制に転任を命じられること強く危惧していて、それよりは古巣の定時制がよいと考えていたからだ。

2年前、人事異動のシーズンを控え、教頭がしきりに私の研修歴を聞きたがっていた。あまりにしつこいので聞かれるままに答えてはいたが、私は、県教育委員会主催の「カウンセリング上級講座」を修了していた。カウンセリング・マインドを学ぶことで、生徒の心を少しでも理解できるようにと受講したものである。高教研カウンセリング部会で発表もし、部会の『研究紀要』には実践も載っていた。生活指導やHR集団づくりに必要なものは、組合の教研であれ、民間サークルであれ、また、禅寺での坐禅会であれ、教師としての力量を高めるための自己研修には積極的に励んできた。カウンセリングを学ぶのもその1つにすぎなかった。

教頭がなぜ私の研修歴を気にするのか、自分なりにいろいろと推量してみた。「校長は、俺をT高に転任させる気かもしれない。T高には英語科も設置されている。それに何より、高教研カウンセリング部会の事務局となっている。転任理由にはうってつけだ。俺をそこへ体よく追い出すつもりだな」と、不安を抱いていた。母校でもあるK高からはまだ移動したくはない。実は、私が移動の危機を感じていたのには、それだけでなくもう1つ理由があったのである。

3年前、3学年副主任であった私は、進学クラスの担任でもあり、いよいよ大切な受験シーズンを迎え、推薦入学での受験者は続々と合格を決めていた。ところが、O先生のクラスの生徒の1人が、推薦合格を取り消すという事態が起きていた。進路指導部長が私を呼びに来て、一緒に校長室に来てほしいという。たまたま学年主任が出張で不在のため、副主任の私が呼ばれたのである。

校長室では、すでに校長と教頭、それにO先生が意気消沈して私を待っていた。進路部長からことの成り行きが説明された。O先生が担任するS君は、県外のA大学にすでに推薦で合格を決めていたが、その後受験した公務員試験でも見事に県職員に合格したのである。本人も両親も大喜びで、大学ではなく公務員を選択したいというのだ。この不況の時代、大学を出たとしても先の見えない不安な世のなかである、私にしても、そんな生徒や両親の気持ちを思えば理解できないこともない。生徒の将来を案ずれば反対することはできないし、誰もとがめることなどはできないのである。

しかし、学校としては問題である。校長と教頭、進路部長を前にして、O先生は担任としての指導のあり方を厳しく問われ、弁解の余地もなく、ただうなだれるだけであった。「O先生！あなたはいったい、日頃生徒にどんな指導をしてるんですか。担任としての指導がなってませんね」「こんなことになって、学校の体面はどうなるんですか。来年からは、A大学ではうちの生徒を取ってくれませんよ。ねっ、後藤先生、先生もそう思うでしょう」と、校長は主任代行の私にもしきりに同調を求める。

いつも人一倍物腰の柔らかな校長も、だいぶ立腹している様子である。すかさず教頭も、校長とをしたとは思わないいんですか。どう責任をとるんですか」と、声を荒げて追い打ちをかける。私は、いつまでもネチネチとO先生を責め続ける2人の態度に、無性に腹が立ち始めていた。それでも我慢して黙って聞いてはいたが、「O先生、これは大変なことなんですよ、あなたね、学年主任が戻ったら、もう1度主任と一緒に校長先生に謝りに来なさい！　いいですか！」との教頭の強権的な物言いに、それまで私のなかでたまりにたまっていた何かが、突然はじけてしまった。その瞬間、私は、校長室の窓ガラスが割れんばかりの大声を張り上げて、校長と教頭の顔を見据えて2人を怒鳴りつけていた。キレたのである。

「さっきから聞いていれば、お前が悪い、指導が悪いと、O先生ばかり攻めるけど、本当に悪いのは誰ですか。約束を破った生徒でしょう！　その親でしょう！　O先生が悪い訳ではない!!確かに推薦入学の取り消しはあってはならない。だが、生徒の進路は生徒自身が決めることだ。O先生に責任はないとは言わないが、O先生はこれまで頑張って、生徒を立派に指導して、大学にも公務員にも合格させているじゃないか。われわれ担任は、生徒や親に責任をもって毎日一生懸命頑張ってるんだ。そんな担任が、なぜこれほど叱られなければならないんだ。なぜO先生ばかりを責めるんだ。誰が好き好んで、部下を叱るしか能がない管理職と働きたいと思う。やってられんよ！　O先生！　あなたは何も悪くはない！　こんなところにいるだけ無駄だ、さあ行こう！」と、強引にO先生の腕をつかんで、校長室のドアを「バーン！」と思い切り力まかせに閉め、隣の事務室に入った。隣では何事が起こったのかと驚きながら、ことの始終を聞いていたという事務長は、「先生、よく言ってくれました。私も、日頃の鬱憤が晴れてさっぱりしました。先生はすごいです！」と喝采してくれたのには、逆にこちらが驚かされた。日頃の物腰の柔らかさとは全く裏腹に権柄ずくな態度の校長は、やはりみんなに疎まれていたのである。

「大変だ！　責任とれ！」とはいうが、進路部長がお詫びの電話を1本入れて、後で詫び状を送れば済む話じゃないか」と内心考えていた私は、生徒の将来や担任の苦労・苦悩を一顧だにせず、ただ学校の立場や自分の保身だけを考え、頭から部下を叱りつけるだけの管理職にはうんざりしていた。問題にどう対処するのか、部下と一緒になって対策を考え、校長として的確な指示を与えることもなく、部下に責任を押しつけるしか能がない管理職のパワハラ行為には、全く我慢ができなかったのだ。

しかし、職員室に戻り、腹の虫もおさまり冷静さを取り戻した私は、校長はともかく、教頭に怒声を浴びせたことを後悔し始めていた。教頭はG高定時制時代の同僚でもあり、お互いに生徒のことで苦労を共にした間柄でもあったからだ。そんな教頭に、あまりに失礼な口をきいてしまったことを詫びなければと、廊下に出ると同時に、教頭が私のところに駆け寄ってきた。「先生、さっきはすまなかった。あなたは私の一言で腹をたてたんでしょう。本当に失礼した、申し訳ない」と先に謝ってきた。校長は、私が高教組のK高分会長であり、また本部執行委員でもあることを気にして、「組合を敵にまわしたくはない」と心配しているとのことであった。

こんな騒動があったことで、私はT高へ転任させられるのではないかと危惧していたのである。いよいよ人事異動の「個人調書」を提出する時期となり、しつこく研修歴を聞いていた教頭が、校長が呼んでいるというので2人で校長室へと向かった。「T高への移動に関する打診だな」と内心思いながら向かったが、私の予想は全くはずれていた。

「後藤先生、私があなたの研修歴を知りたかったのは、実は、あなたをぜひ、県のカウンセリングセンターに推薦したいと考えていたからなんです。先生は『上級講座』も修了しています。どうですか、先生のお気持ちをぜひ聞かせてください」と聞いて、正直私はほっとしていた。だが、「T高であれ、県のセンターであれ、俺をK高から追い出すことには変わりはないのだ。しかも、俺に恩を売る形で体よく追い出したいのだろう。誰があなたのような管理職の世話になってまで栄転するものか。俺がカウンセリングを学んだのは、出世するためじゃない！」と内心思いながらも、「校長先生の私を思う気持ちは本当にありがたいことです。しかし、私は、まだ本校勤務は7年目で、母校の教壇でまだまだ後輩たちを教えていたいんです。ありがたいお話ですがなかったことにしてください」と丁重にお断りした。校長室を出たとたん、私は思わず「ヤッター！」と心のなかで叫んでいた。「俺はもうこれでT高へ転任させられることはない。センターへの栄転をことわってまで、母校での留任を希望したのだ、転任を命じられる理由は何もない！」と確信したからである。

だが、私は転任を命じられたのである。学年主任に言わせれば、「3年後に本校定時制は閉校が決まっている。先生が定時制に追われたのは、その後始末をさせるためなんだよ」とのことであった。それでも、T高ではなく、第2希望である定時制に決まったことは、私にとっては、不幸中の幸いであった。実際、妻や2人の子どもたちが喜んでくれ、休みの日はいつでも家庭サービスができるし、また手当のつく定時制では給料もぐんと増える。それと、教育はどこへ行っても実践できると、すでに私の腹も決まっていたからだ。

しかし、驚いたことには、私の代わりの英語教師は臨時講師であった。普段、先生方から、「本校の生徒は、英語の力が弱いから国立大になかなか受からないんだよ」と言われ続けてきた、肩身の狭い英語教師としては、採用試験の準備で忙しくなる臨時講師を、進学や部活の指導で忙殺される全日制で採用し、留任を強く希望した正規の教諭である私を、自分が管理する定時制に放出したことは、学年主任の言うように、校長裁量によるあからさまな「校内人事」だと確信した。進学向上対策事業の指定校として受験教育に邁進する本校としては、全く矛盾する人事でもある。

さっそく、組合の仲間であるB高のA先生から電話が入った。「先生、この問題は先生1人の問題ではないんですよ。あきらかに不当人事です。絶対に抗議しなければだめですよ!」と、強く意見されて初めて心が動いた。新学期に入って、高等学校教職員組合の執行委員長同伴で、校長交渉をもつことにした。校長は、私が今回の人事に不満で交渉を要求したことに驚いた様子ではあったが、それでも校長は、「これから1年たって、そのときあなたが全日制に戻りたいのであれば、その希望がかなうように私は努力するつもりです」と、全・定両教頭を両脇に従えて、はっきりと約束したのである。

私の定時制生活の1年間はとても充実した1年であった。3年生の担任と生徒指導部を任され、昔のように非行や怠学問題で悩まされることもなく、穏やかな日々のなかで、授業でも行事の取り組みでも、生徒とともに楽しい学校生活を送ることができたからだ。全日制との合同文化祭では、教頭先生をはじめとする教師・生徒、そして代行員のおじさんまでが一体となって、全校を挙げて「映画制作」に取り組み、K高祭定時制参加を果たした。全日制での教え子たちも大勢で観にきてくれ、大好評となった。

また、頼まれて地区の定通制教育研究集会で文化祭取り組みの実践を報告し、映画も上映された。思いがけずに地元新聞にも大きく報道され、教頭先生にも大いに感謝されていた。

だが、不当人事だけは決して許してはならない。せっかく慣れ親しんだ定時制の生徒たちと別れるのは心苦しいが、管理職の横暴には断固抗議し、不当人事を撤回させなければならないのだ。私は、「希望をかなえるために努力する」と約束した校長の言葉を忘れずに、11月に入ると、高教組委員長とともに再び校長交渉をもつことにした。

「後藤先生はK高全日制への転任を強く希望しています。どうか校長先生のお力をもって、本人の希望をかなえてあげてください」「校長、私は校長との約束を信じて、元の職場への転任を希望します。よろしくお願いします」と要求した。だが、驚いたことに、校長は、「私はそんな約束をした覚えはありません」と平然と言い放ったのだ。口先だけの約束であることは百も承知ではあったが、無性に腹が立った私は、新任の全日制教頭にも確認した。「校長先生は、春の交渉ではそんなことは全くおっしゃりませんでしたよ」と、木で鼻をくくったような返答である。「平然と嘘をつく、こういう奴らが1番出世するのか」と内心あきれながら、聞きたくはなかったが、現在勤務する定時制の教頭にもあえて聞いてみた。定時制教頭は、何も言わずに無言を貫いた。「沈黙は雄弁なり」である。校長にも私にも義理を立てたい教頭の苦衷は、想像に余りあるものだったに違いない。

しかし、私と校長との本格的な闘いは、ここから始まったのである。私は、校長交渉の全容を職場の全職員に伝え、職場の問題とするために組合新聞を発行することにした。以前、私の所属する教職員組合の支部では、組合新聞「まむし」を発行していたと聞いていた。校長・教頭が交渉時に語った言葉を、逐一漏らさず掲載した組合新聞「すっぽん」を発行し、校長・教頭をはじめ、全日制の職員の一人ひとりの机上に配布して、交渉の結果を報告したのである。

「まむし」から「すっぽん」に名を変えたのは、すっぽんにはまむしとは違って毒はないが、1度咬みついたら離さないという意味からである。新聞を目にした校長は、「一方的にこんな新聞を発行して問題ですよ」と不満を述べたが、「事実を書いて何が問題なんですか。間違いや嘘があれば指摘してください。訂正しますから」と反論した。全日制の職場のみんなも、「先生はいったい隠し玉をいくつ持ってるんですか」と成り行きに注目して、新聞を読んでくれていた。

私はK高着任以来7年間、文武両道の実現を学校目標に掲げた母校の発展のため、全力を尽くしたつもりであった。このことは、誰にも自慢したこともなければ、おくびにも出さなかったことである。だが、自分の命運を賭けた人事の危機的状況では、これまでの自分の母校での「業績」を大いに強調し、それを最大限に利用することでしか、もはや私には権力と闘える武器はないのである。

部活動においては、全くの素人ではあったが、OBの先輩教師に無理に押しつけられて弓道部顧問にさせられた。誰も持ちたがらず毎年顧問が代わっていたという弓道部を、コーチと協力しながら立て直し、初年度から県下秋期大会で男子団体優勝を果たした。

「これこそ、まぐれ当たりというものだ」と、職場のみんなから冷やかされもしたが、次年度の県下春季大会で再び優勝旗を持ち帰ったときには、「まぐれ当たり」の声は誰からも聞かれなかった。東北大会では団体戦での入賞こそ3位止まりではあったが、個人戦では2人の優勝選手を輩出し、2人とも某有名大学にスポーツ推薦で進学もしている。

また、それまで個人戦では何度か全国大会に出場していたが、5年目でようやく高校総体で男子団体優勝を果たし、念願の全国大会にも出場した。そのとき、たまたま高体連弓道部の新部長に就任していた校長は、自分の教え子に手ずから優勝旗を手渡したことを、よもや忘れてはいないであろう。K高新校長への教え子たちからの何よりの「ご祝儀」であったと思う。進学クラスの担任でありながら、教頭の心配をよそに、東北大会や全国大会などの遠征によく出かけたものである。センター試験受験手続き日には、遠征で留守中の私に代わって、心配した教頭自らが朝のSHRに顔を出したと、本人から聞いたほどである。

次年度は、私は図書委員会担当になり、HR担任も弓道部顧問も離れたが、その後、女子も念願の高校総体団体優勝を遂げている。何の権力も能力・特技も持たない、たかが一介の高校教師であっても、素晴らしい可能性を秘めた生徒たちの力によって、教師冥利に尽きる喜びも味わえるのであり、これこそが教育の醍醐味というものであろう。

進学面においても、長い教師生活で初めて担任した最初で最後の進学クラスが、本校では過去最高の国公立大学の合格者を出して先生方を驚かした。文化祭や予餞会などの「学年行事づくり」

に夢中になって、「遊びの学年」「(国公立大学合格)0学年」と心配されたわが学年が、大方の予想を覆して、多くの国公立大学合格者を出すことができたのはなぜなのか、他学年団で話し合われたとも聞いていた。実は、わが学年では、成績上位の生徒よりは、成績のふるわない運動部などの生徒を一同に集め、定期考査のたびごとに放課後の「赤点対策講座」を開くなど、下位の生徒にこそ目を配っていたのである。それまで各部の顧問が1人で苦労していた部員の赤点問題を、学年集団で取り組むことにしたのだ。

「高校生としてのメンツにかけても赤点だけは取るな。何としても30点は取って、また明日からの部活の練習に頑張ろう!」と、私も檄を飛ばしていた。英・数・国など主要教科の学年の先生方が協力して、下位の生徒の尻を叩いていたのである。学年の生徒たちは、そんなわれわれ教師集団の姿勢をちゃんと見てくれているのだ。進学という目標をもった上位の生徒たちは、担任の私にいちいちしつこく言われなくても、自らの目標実現のためには主体的に勉強に励むのである。われわれ教師の役目はその動機づけをすることである。わが学年団は特別に受験指導に励んだわけでもなく、学年主任を中心に担任団が一致団結して、多くの行事にクラスを越えて取り組み、「生徒一人ひとりを大切にできる学年づくり」を目指してきた成果であると、私なりに総括している。

「私はこれまで、文武両道という学校目標を実現するために、私なりに精一杯努力して本校発展に貢献してきたつもりです。進学においても部活においても、誰よりも成果を出していると自負しています。そんな私が、カウンセリングセンターへの推薦をことわってまで留任を希望し、これからも母校発展のために尽くしたいという、ささやかな願いがなぜかなわないのですか」と、それまでの成果を大いに強調し、交渉の道具として最大限に利用することで、自分の主張の「正当性」を強く訴えたのである。

私は、「個人調書」にも、以上の業績内容を細かく書き連ね、「これこそ理不尽極まる不当人事以外の何物でもない。このことを強く抗議するとともに、前任校への転任を強く希望する」と結語にした。職員会に現れた校長に「調書」を提出すると、文面を見るなり、「先生、後でゆっくり話し合いませんか」と、一瞬戸惑いを見せながら別室での話し合いを提案したが、「いえもう結構です。もうこれ以上あなたとは交渉する気はありません。このまま提出してください」と拒否した。あとは県教委の判断に任せるだけであった。

こうした経過を踏まえて私の「不当人事」は正された。冒頭で述べたとおりである。妻や子どもたちは、私が再び多忙な全日制生活に戻ることには不満そうではあったが、高教組委員長をはじめ、多くの組合の仲間の力によって元の職場に1年で復帰できたことは、今後の人事のあり方に一矢を報い、また組合の存在とその力の大きさを、職場の仲間とともにあらためて認識できたことの意義は大きかったのである。

第7章　青森高教組活動より

1 「聖なるもの」の否定
――「日の丸・君が代」法制化を宗教的視点から――

「日の丸・君が代」が法制化された。高生研代表・竹内常一氏（国学院大学）の言によれば、法制化自体が「聖なるもの」の否定であるという。なぜなら、法律にあるから歌われ、掲揚される「日の丸・君が代」はもはや「国旗・国歌」とは言えず、法制化するほうがおかしい、というのが旧保守主義者たちの考え方であり、彼らは「国旗・国歌」を法制化するなどとは、決して言わないはずだというのである。「聖なるもの」を俗なる論理や法規によって規定することは、あってはならないことなのであろう。ところが、新保守主義者たちは、「日の丸・君が代」の正当性を、法制化することによって確保しようとしているのである。

今回の法制化問題は、教育の現場にこれまで以上の混乱をもたらすことも懸念されるが、旧保守主義的立場からすれば、このことで誰よりも1番迷惑を被っている人は、実は「天皇」自身である、ということになるのかもしれない。

「聖なるもの」とは、言葉や概念による一切の限定を超越したものでなければならない。仏教では「仏」という言葉を語ったときには、「口を漱げ」とまで言われている。聖なる仏は言葉によって切り取られ、概念によって限定される存在ではないからである。「聖なるもの」とはむしろ、どこまでも「自己否定」をとおしてこそ、その絶対性・永遠性を確保するものだからである。つまり、俗世の法律や権力によって保護された「聖なるもの」が、いかなる価値と尊厳を有するのかは、旧保守主義者の言を待つまでもないであろう。「仏に逢うては仏を殺し、祖に逢うては祖を殺し、父母に逢うては父母を殺し、生死岸頭において大自在を得る……」と、禅書『臨済録』にも書かれている。

企業の多国籍化と国際的メガコンペティションの時代を迎え、弱肉強食の論理と規制緩和の嵐のなかで、日本の農業は中小企業同様に切り捨てられようとしている。食料自給率はカロリーベースで41％、穀物自給率に至っては30％をすでに割っている。いまや民族の主食である米までが輸入自由化となり、崩壊の危機に瀕している日本農業の惨状が、かって悠久の昔、稲穂を手にして豊葦原瑞穂の国に降臨したという天津神・「聖なるもの」の否定と重なって見えるのは私だけであろうか？

日本民俗学では、古代人たちは稲に稲魂（イナダマ）と呼ばれる穀霊（コーンスピリット）が宿ると考えていた。折口信夫氏によれば、天皇の1代で最も重要な儀式である大嘗祭においても、新しい天皇は、皇祖神に捧げた穀霊を食し、「真床（マドコ）・襲衾（オフスマ）の儀」によって新しい天皇霊、「イツ」と呼ばれる先帝の霊威（外来魂）を移し替えるという。天皇の身体は有限であるが、天皇の魂は不死でなければならぬからだという。

古来日本人は、ほどんと山と丘ばかりの狭い国土に、心魂を傾注して田畑を切り開き、営々として治水・治山と土づくりに精励刻苦してきた農耕民族である。だが、現代の日本は、農業を切り捨て、米づくりをやめ、稲作農耕民族としての日本人の矜持まで捨て去ろうとしているのである。このことによって、いまも手ずから田植えをし、カイコを飼う天皇が、民族を統合する霊威としての稲魂すら失うとすれば、天皇の「聖性」は、新保守主義者たちによって2重に否定されたと言っても過言でないだろう。

天皇は英語で「EMPEROR」と訳されている。しかし、日本の天皇は単なる皇帝ではない。日本語には「統ぶ（すぶ）」という言葉があり、主に「支配する」の意味でつかわれるそうであるが、これは本来「すぼめる」の意味であり、バラバラのものを1つにすぼめていくことだという。そして、そのすぼめる人が「すべらぎ」「すめらぎ」、すなわち宗教上の中心としての日本の天皇（すめらみこと）なのであった。天皇は皇帝というよりは、むしろカソリック教会の「POPE」（法王）のような最高祭祀者（祭司王）であり、日夜、神武以来の歴代天皇や天照大神をはじめとする皇祖神を祀るとともに、国家の安寧と国民の幸せを祈るという宗教的役割を果たしているのである。

事実、天皇は、かって明治憲法下では絶対不可侵の「現人神」であり、宗教的な「聖なる存在」そのものであった。戦前の天皇は、神社神道や国家神道の頂点に君臨し、国民を戦争動員へと統合するための霊威を十二分に発揮し、そのため天理教や大本教、キリスト教など、天皇以外の神を奉じる多くの宗教団体は、過酷にも弾圧され続けたことを決して忘れてはならない。

しかし、谷川健一氏（民族学者）によれば、8世紀初頭、当時の国家体制を正当化するために編纂された「記・紀」の神話のなかに組み込まれた天津神だけが、日本本来の神々の姿なのではないという。「記・紀」以前、はるか縄文の時代から日本人が祈りを捧げてきた国津神、そしてアイヌや沖縄の神々、また日本全国の村々の鎮守の森で祀られている地主神や産土神、山の神や田の神、水の神や海の神などの無数の名もなき神々のなかにこそ、日本民族の「魂の原郷」があるとも言えるからである。

自らが奉ずる「聖なるもの」への祈り、人間としての尊厳と誇りそのものである「信教の自由」「思想・内心の自由」をこそ守りとおさねばならない。（１９９９・11・20）

２　いま、子ども・青年にどんな力をつけるのか
――青森県子どもの「声」アンケート委員会報告より――

子どもの「声」に耳を傾ける

２００１年1月、青森県で初めて教育研究全国集会を開催することになった。県教組・高教組・私教連の３教組はこれを機会に、「子どもの声」を聞くためのアンケートを共同で実施することにした。「学級崩壊」、いじめ、不登校、学びからの「逃走」、高校中退などの多くの教育的困難を抱える現在、まず何よりも、子どもたちの「声」を徹底して聞くところから新たな学校づくりを始めよう、ということからである。また、21世紀に向かっての教育を再構築するための手がかりは、子どもたちの「声」を聞き切ることでしか探り当てることはできない、という強い思いもあったからだ。そのため、アンケートの形式も、すべて記述式で実施することになり、質問項目は次の８項目（ただし小学校低学年はひらがな）を掲げることにした。

①あなたが、学習のことで思っていること、言いたいことはなんですか。

②あなたが、学校や先生のことで思っていること、言いたいことはなんですか。
③あなたは、どんな先生に教えてもらいたいですか。
④あなたが、友だちのことで思っていること、言いたいことはなんですか。
⑤あなたが、家族や親のことで思っていること、言いたいことはなんですか。
⑥あなたが、いまの文化（テレビ・まんが・本・音楽など）のことで思っていること、言いたいことはなんですか。
⑦あなたが、いまの大人や社会のことで思っていること、言いたいことはなんですか。
⑧あなたは、自分の未来や社会のことをどう思っていますか。

いま、何よりも「子どもを主人公とした学校づくり」こそ求められていると思う。ここに全ての「声」を記述することはできないが、親や教師、家庭や学校に対する切実な思いや願い、そして悲痛な叫びや訴えが、自分の言葉で率直に表現された３３４０名（小・中学校１６９７名、県立高８８１名、私立高７６２名）の子どもの「声」の一端に耳を傾けてみたい。

子どもを理解してくれる先生への期待

質問項目のなかで回答が1番多かったのは、小・中・高ともに、③「どんな先生に教えてもらいたいか」であった。小学校86％、中学校１００％、高校85％という高い回答率は、子どもたちはいかに教師に対して多くの期待を寄せているか、ということを教えてくれている。次の回答は、主に県立・私立の高校生の「声」に限ったものである。

県立高では、多くの生徒が「生徒を理解してくれる先生」30・4%、また私立高でも「気持ちの分かる先生」28・9%、「やさしい先生」16・2%を望んでいる。このことは、現実には教師が生徒の要求や悩みを聞き入れる耳をあまり持っておらず、また、教師自身も、生徒同様に管理化と多忙化のなかで、子どもの「声」に耳を傾ける余裕すらないほど追いつめられている状況が読みとれると思う。

生徒たちはそんな教師たちを、「先生方は受験指導や管理指導で、学校を良く見せようとし過ぎている」「個性を出せという割には、校則で縛りつけている」「校則を厳しくしても、学校は何も変わらない」14・5%、「いちいちうるさい、生徒のことを考えていない。何も分かっていない」「すぐ殴ったり、怒鳴ったりしないでほしい」「生徒を信用してほしい、意見を聞いてほしい」12・4%など、「勉強ばかりで人間を育てることを忘れた学校と教師」12・7%に対して、「行事減らしすぎで楽しくない」「人を育てるのは授業だけじゃない」「いろんな行事を生徒と一緒に楽しもうという気がないのがムカツク」「偉そうにグダグダ言ってないで見本として自分もやれ」「学校つまらん、先生つまらん」などと厳しく批判している。

しかし、生徒たちは先生に何も期待していないのではなく、「生徒と同じ立場で、一緒になって物事を考えてくれる先生」「いざというときに頼りになる、尊敬のできるものをもった教師」16・1%などの理想の教師像を思い描き、「勉強だけでなく、人間として大切なことを教えてくれる先生」「できが悪い生徒でも決して見捨てたりはしない根性のある先生」との人間的なふれあいを求めており、また、どんな生徒でも「授業を分かりたい」「分からないところをちゃんと教えてほしい」「学ぶことの楽しさを知りたい」「いろんなことを知り、人間として成長したい」10・6％という欲求をもっていることがよく分かる。生徒たちは、「パワーが感じられない」高校の先生に対しても、ただ勉強だけを教えるのではなく、生徒と一緒に学校行事などにも取り組んだり、ときには人生のことなどを語って聞かせてくれるような「人間性の豊かな、情熱的な教師」との出会いを求めているのである。

分かる授業をしてほしい

「学習」のことをめぐっては、小・中・高とも多くの不満や批判が書かれており、それら多くの「声」は、子どもたちの「分かりたい」という学習への願いが保障されていないことに対する切実な訴えのように思われる。

小学校では、「楽しい・おもしろい学習がある」は21％、「学習が難しすぎる」は7％であるが、中学校になると、回答の集計の仕方にもよっていると思われるが、それぞれ0％、22％と全く逆転している。子どもたちは小学校から中学校と高学年になるにつれて、「分かる喜び」や「学ぶ楽しさ」の感覚を喪失していっているのである。また、中学から高校へかけての学習が、将来、社会人や人間として必要な知識・教養を学ぶというよりは、生徒の興味・関心を欠いた受験を意識したものになっている傾向がみられる。

県立高では、「将来、役に立つ、必要となる勉強がしたい、興味がもてる勉強がしたい」が19・

5%、「高校の勉強が難しい、分かる授業をしてほしい」も同じく19・5%となっている。これは私立高でも「将来役にたつのか」22・7%、「勉強が難しい」14・3%と同様の傾向を見せている。

「どんな先生に教えてもらいたいか」の項目でも、県立高では「分かりやすく教えてくれる先生」15・9%、「おもしろい授業、楽しい授業をしてくれる先生」15・9%と、学習に関する回答が合わせて31・8%となっている。私立高でも「きちんと教えてくれる先生」28・9%と、その傾向は同様であった。

高校での勉強が、いかに生徒の興味・関心や将来、社会人や人間として必要な知識・技術と離れた学習に偏っているかがうかがわれると思う。授業が理解できず、また勉強の仕方も分からずに悩んでいて、学校の勉強は苦痛以外の何物でもない様子がうかがえる。

また、「ノートに書くことが多すぎる」「授業のペースが早すぎて、分からないまま次に行ってしまう」「学習の量が多すぎて、ゆとりがない」9・3%などという切実な「声」からは、次々と予定の進度に従って、生徒がよく理解できないままに進められていく「教師中心の一方的な授業」に追いついていくだけで精一杯の生徒の様子が、手に取るように見えてくる。「やる気がでない、めんどうくさい」「なんで勉強するか分からない」「勉強の仕方が分からない」8・7%などと言いながら、結果的には勉強を投げ出して、学びから「逃走」している生徒も多くみられるが、生徒たちは決して勉強を必要としていないのではなく、むしろ、自分の将来や生き方につながる学習は大いに求めているのである。

「勉強しているというよりは、ただ暗記させられている」「テストの点数をとるためにだけ勉強しているようだ」など、教師の画一的な「教え」の授業に対する厳しい批判や、「分かる授業をしてほしい」「学ぶことの楽しさを教えてほしい」という生徒の切実な要求からは、現在の学校の授業が、子どもの未来を切り開く「学び」に必ずしもつながるものでないことを痛感させられる。

単に資格取得や受験競争を意識した授業づくりではなく、教師側の工夫による「分かる」授業・「楽しい」授業・「考える」授業をどうつくるのかが厳しく問われ、生徒の心を鼓舞し、生徒の意欲を喚起し、生徒がこれから生きていく世界が見えてくるような「学び」の授業、そして、そのために必要な教育諸条件の整備こそが、いまこそ切実に求められているのである。

家族や親のこと、そして友だちのこと

「家族や親」の項目に関する回答率は比較的に低く、小学校66％、中学校60％、高校では56％となっている。しかし、そのなかでも、県立高では「感謝している、尊敬している」13・8％の「声」が1番多かったのは意外であった。口では、「怒られるとムカツク」「ウザイ」とわがまま勝手を言いながらも、「家族は大切なもの、育ててくれてありがとう」「わがままでごめん。立派な大人になって恩返しをしたい」「毎日働いてすごいと思う。尊敬してる」など、案外に親を尊敬し、感謝している生徒が多いのである。

続いて、やはり、「厳しすぎる。うるさすぎる。もっと信用してほしい」12・1％の「声」も

多かったのは予想通りであった。心配のあまり、「がみがみと叱ってばかりいる」親に対して、「世間体を気にし過ぎる」「子どものことに口をはさみ過ぎ」と批判し、「もうちょっと信用してくれ。悪いことは分かる」「頭ごなしに叱るもんじゃない」など、多くの不満が述べられている。「親はかけがえのない存在だと思う」と感謝しながらも、「もう少し黙ってろ。心配しすぎだ。もう高1だっつうの！」「同じことを何度も言うのはやめてほしい」「干渉しないでほしい。自分の人生は自分のもの」「早く子離れしてほしい」などと、親の過保護・過干渉を強く拒絶している。親の子どもを心配する思いと、子どもの自立心とが矛盾・葛藤しているのである。

それらと同様に、「勉強、勉強とうるさくて、やる気が起こらない」「勉強のことで期待し過ぎるのはやめてほしい」2・8％の回答など、子どもの将来を心配するあまり、子どもを勉強に追い立てざるをえない親に対する不満の「声」も見られた。子どもに言わせれば、「自分なりに真面目にやっている」のに、「勉強のことになるとうるさいほど説教する」「口うるさく言われるとかえって勉強したくなくなる」「テストの点数のことであまり、グチグチ言わないでほしい」などと閉口している。親は、「勉強しろ！」と言うことで、ただ単に自分を安心させているだけであり、案外難しいのは、子どもの自立よりは子離れのほうなのかもしれない。他の項目に比して、「家族や親」に対する回答率の低さは、子ども自身の自立心の現れとも思えるが、「勉強」という面から見れば、学校と親は子供にとって行き場のない強制を加え、より一層の学歴競争へと追いやっているとも言えるのである。

また「友達」の項目に関しても、小学校67％、中学校53％、高校48％とその回答率は学年が上がるにつれさらに低くなっている。そのなかでも、県立高では、「よい友人に恵まれている」18・7％の回答が1番多いのは、いつの時代でも友達は大切であり、「なくてはならない存在」であるということであろう。「つまらない学校、息のつまるクラスでも、友達がいるから来ている」という生徒が案外多いのである。しかし、やはり次に多いのは、「わがままはよくない」「いじめ、仲間はずれはやめてほしい」10・6％の「声」である。友だち関係でありながら、「自己中な友やわがままな友に、気をつかって疲れる」という、いまの子どもたちの過剰な気づかいや不安定な人間関係の構造が読み取れる。続いて、「自分を偽らずに本音で話したい」5・6％という「声」こそ、まさに彼らの偽らざる本音であろう。「本当はそうは思っていないのに、我慢して合わせてしまう」「自分を含めて、うわべだけのつき合いをする人が多いと思う」「遠慮せず何でも言え合える仲になりたい」など、決して自分の心の内を語ることなく、うわべは友人に同調しながら、互いに気をつかいながらつき合っている彼らの友人関係は、彼ら自身の心の不安ともろさを象徴していると言えよう。友だちという最も信頼のおける関係が大きく崩れているとも言えるのだ。

次に「友人は大切にし、信頼し、助け合いたい」4・4％という「声」は、「友だちは家族の次に大切です」「友人は先生よりも信頼できる」など、彼らの言葉を借りれば、友だちは「一生の宝物」となる「必要不可欠の存在」なのである。そのため、「何でも話せる、本当の友人がほしい」2・8％という回答は、本音で何でも話し合えて、信頼のできる真の友だちを求める切実な「声」であろう。「友達は多い方がよいけど、悩み事を話せる友達がただ1人でもいる方がよい」という「声」も、そういう親友を持ちたいという彼らの心底からの願望なのである。しかし、その反面、「友だちをつくるのは難しい、わずらわしい」1・9％と答えている生徒も見られ、一見友だちと楽しそうにしている彼らも、互いに深いところではつながりをもてずに悩んでいるのかもしれない。

回答のなかに、「みんな仮面をつけている」というのがあった。子どもの成長と発達を保障することなくただ競争に追い立てるだけの学校では、周りのクラスメートは間違いなく競争相手である。豊かな学びと人間的成長を保障し、連帯を育む場となるはずの学校が友人関係を疎遠なものにし、それどころか敵対的なものにしているのである。

子どもを真ん中にして

３３４０名の子どもたちの一つひとつの生の「声」に耳を傾けてみれば、いまの子ども・青年たちも、見た目とはだいぶ違って、内面ではそれぞれ個性的なものの感じ方や考え方をきちんともっていることがよく分かる。しかし、彼ら独自の自己表現や自己主張が、必ずしもいまの社会や大人に受け入れてもらえるものではなく、親や教師との軋轢のなかで、現代の家庭や学校という「囲い込み」をなかなか突き破ることができずに、もがき苦しんでいるのである。

子どもは試行錯誤を重ねながらも自立を成し遂げていくものと考えるが、「競争」と「管理」を鉄則とする現代社会においては、子どもは秩序から逸脱することも、疲れて休むことも、まして過酷な「競争」から降りることも決して許されず、規則を破れば破るほど、もがけばもがくほど、子どもの成長・青年の自立という本質的問題には全く考慮することもなく、「管理」と「競争」

ばかりが強まるのである。いまの時代、子どもが自立するということは、精神的にも物理的にも いかに困難であるか、多くの「少年事件」をみてもよく分かるであろう。

「子どもの声アンケート」を読めば、多くの子どもは「人間として成長したい」「社会人として自立したい」という願いを持っていることがよく分かる。そして、大人が失ってしまった鋭敏な感受性と若者らしい潔癖さで、私たち大人の一つひとつの言動や社会のさまざまな現象を批判的に受け止め、それを彼らなりの飾りのない言葉で率直に表現していることに大いに驚かされる。

一見、政治や社会の問題に無関心と思われがちな高校生が、「現在の日本のトップには、日本を担うだけの器量がない」「政治家って不正ばかり。国家のことより、自己保身と自分の名誉心ばかりだ」「ずるい大人、身勝手で無責任な大人が多すぎる」「大人や社会がこんなでは、子どもがまともに育つわけがない」「少年事件が相次ぐと言っているけれど大人の世界はもっと汚れている。先に大人社会を問題にしたらどうか」など、「私利私欲に走る政治屋」や私たち大人の一つひとつの言動、社会のさまざまな現象を鋭く批判している。

「大人はもっと子どもと正面から向き合うべきだ。子どもは大人の背中をみて育つのだから」「いまの大人は子どもの気持ちが分かっていないのにすぐ説教する」「子どもを批判する前に自分の足下をよく見ろ」「子どもの問題は大人の問題である」とも喝破し、「なさけない大人ばかりだ。もっとしっかりしてほしい」「大人は何を目標にいまを生きているのか」「大人はいったい何がしたいんですか」と、逆に大人自身の生き方を厳しく問い返す、若者らしい真っ直ぐな批判精神にはあらためて驚かされ、そして大いに反省もさせられるのである。

いま日本の学校や社会では、「自己肯定感」（高垣忠一郎氏・心理臨床家）を持てずに悩む子どもたちが、自暴自棄にならざるを得ないような状況が至るところでみられている。子どもの内面を探り当てることは容易なことではないが、私たち教師・大人にとって大切なことは、子どもを厳しく「管理」することではなく、この生徒たちの心の「叫び」を真摯に受け止め、そしてその多くの「声」を徹底的に聞き切ることだと思う。『子どもの権利条約』とはあまりにもかけ離れた日本の子どもと教育の現実、学校や地域を含む社会のあり方に目を向けることが、いま真摯に求められているのだと思うのである。

いま、子ども・青年にどのような力をこそ育てていくべきなのか。新しい時代を生きる子ども・青年に伝えるべき学力の内容とは何なのか。そしてその学びの方法とはどうあるべきなのか。私たちはこの「子どもの声アンケート」を手がかりとして、時代が要求するこれらの課題に少しでも応えていかなければならないのである。

子どもと教育をめぐる困難を打開し、憲法・教育基本法が花開く学校と社会の実現を目指す運動を、父母や地域の人々と共同・連帯しながら大きく発展させていきましょう。

何よりも、子ども・生徒を真ん中にしながら。（２００１・２・20）

■本書の初出について

第1章「学校とは何か」の1．「学校とは『自己』を実現する『舞台』である」は、青木書店『高校生活指導』（2001年夏号）の特集「学校とは何をするところか」に、また2．「『教えの授業』から『学びの授業』へ」は、同誌（1998年秋号）の特集「岐路に立つ授業」に掲載されたものである。どちらの特集も、理論の苦手な私にとっては荷の重いテーマであり、ただ自分なりの実践を報告することで「学校論」「授業論」に代えさせていただいたものである。

第2章「学級集団づくりとは」の1．「行事・文化活動を軸にした学級集団づくり」は、学事出版『月刊高校教育』（1978年9月・10月号）の特集「活気あるHRをつくろう」に、また、2．「HR活動に教師はどう関わるか」は、同誌（1979年4月号）にそれぞれ掲載されたもので、初めてのHR担任として、日々生徒と格闘しながら、無我夢中でHRづくりや行事づくりに取り組んだ、若き新米教師時代の実践である。

第3章「学年集団づくりとは」の1．「学年で取り組んだ文化祭」は、文化祭での「空き缶壁画」と「ビデオ映画」の制作に学年集団で取り組んだ実践である。学年の「生徒集団づくり」と同時に「教師集団づくり」を意図したもので、教育研究全国集会（1993年度）で報告したものである。また、2．「生徒と楽しく遊ぶなかから文化が生まれる」は、労働旬報社の季刊『高校の広場』（1994年春号）に掲載された「生徒たちとの創造的交わりを求めて」と、国土社『教育』（1996年3月号）に掲載された「生徒たちと楽しく遊ぶなかから文化がうまれる」を合併・改変したものである。両誌とも「学校づくりと教育実践」「子ども文化・若者文化」という特集であり、内容的に重なる部分が多かったため1つにまとめたものである。これらの実践は、教育研究全国集会（1997年度）で報告したものでもある。

第4章「不登校・登校拒否・高校中退を克服する」の1．「保健室登校の克服をめざし予餞会に取り組む」は、ただ1つの「居場所」であった演劇部が解体したことで、学校生活にも意欲を失い「保健室登校」になった生徒との取り組みである。学校長や担任、養護教諭の願いのもとに、予餞会で発表予定のビデオ映画の制作に進級をかけて挑戦し、見事に立ち直った部活動での実践で、教育研究全国集会（2003年度）で報告したものである。そして、2．「父母との共同による高校中退克服の取り組み」は、少人数の夜間定時制高校であったことから、積極的に家庭・職場訪問を実施することで父母との連携に努め、また文化祭などの各種行事の取り組みに問題生徒を巻き込むなかで、生徒理解に努めながら「高校中退」の克服に取り組んだ実践で、教育研究全国集会（1996年度）で報告したものである。

第5章「HR実践記録『定時制生徒とともに生きる』」は、青森高生研冬の集会（1986年度）で報告した「定時制HR実践4年間の記録」に加筆・修正したものである。全日制からの転入・編入生徒が大半となり、いまでは単なる全日制高校の受け皿と化した夜間定時制高校での実践である。学校やクラスに対する所属意識の低い多くの生徒たちが、働きながら学ぶ定時制生活の厳しさから、怠学や家出をくり返しながら再び脱落・中退していくなかで、「全員卒業」という目標に向かって「行事づくり」や家庭訪問を軸にして、父母と連携しながら取り組んだ報告である。

第6章「教育実践番外編」は、今回の出版にあたって新たに書き下ろしたもので、思い出に残るエピソードを3つ取り上げた。1．「涙の修学旅行反省会」は、奈良での夜に、教師全員が涙ながらに生徒に反省を迫った喫煙事件について、また2．「悪夢のキャンプ事件」は、私にとっては教師として、また人間として力量が生徒の目の前で試された、生涯忘れられないキャンプ地での出来事であり、あわや生徒と地元若者が乱闘になりかけた事件についてである。そして、3．『不当人事』に物申す」は、K高全日制から同校定時制に転任を命じられた「不当人事」問題に、組合の力を借りながら校長と闘い続け、1年後に元の職場に復帰した顛末を記したものである。いずれも私の35年の教師生活のなかで強く心に残る事件・騒動である。

第7章「青森高教組活動より」の1．『聖なるもの』の否定」は、日の丸・君が代の法制化にあたって、「青森高教組新聞」に寄稿した小文である。2．「いま、子ども・青年にどんな力をつけるのか」は、２０００年度教育研究全国集会の青森県開催にあたって、高教組教文部長として他教組（県教組・私教連）と共同で取り組んだ、「子どもの声を聞く」アンケート調査の報告であり、全日本教職員組合・子どもの「学力」に関する調査研究委員会『いま、こども・青年にどんな力を育てるか』（２００２年８月発行）にも掲載されている。

なお本書の出版にあたって、各章の実践報告には若干の加筆・修正した箇所があり、文末もそれぞれ不揃えであったので統一した。

あとがきにかえて――子どもを主人公とした学校づくりを

本書の教育実践やアンケート調査の報告などは、だいぶ昔のものではあるが、学校や教師に対する生徒の切実な思いや願い、悲痛な叫びや訴えなどの声は、いまでも大して変わってはいないであろう。むしろ、教育基本法「改悪」や道徳教育の「教科化」などによって、子どもを取り巻く現実はますます過酷で息苦しいものとなり、子どもの教育は一層困難なものになっているように思う。学校選択制の導入や「特色づくり」競争などの激化により、学校間格差・序列化がますます拡大している現状では、いじめや暴力行為、「不登校」生徒などの数は、増えることはあっても、決して減ることはないであろう。

これまで、「生きる力」「真の学力」をつけると称して、「ゆとりの教育」や「総合学習」などの教育施策が実施されてきた。また最近では、「アクティブラーニング」なる新たな学習法が提唱され、「考える力」「生きた学力」の獲得が声高に叫ばれている。

しかし、現実には、小・中の学校現場では、２００７年以来、そうした施策とは全く真逆とも言える「全国学力テスト」なるものが、毎年50億円以上もの費用をかけてまで実施され続けているのである。「考える力」どころか、生徒も教師も激しい「点数獲得競争」に追い込まれ、福井県では、教師から叱責された中学生が自殺までしているという。

単なる点取り競争のために、学校間・地域間競争がますます激化し、公立小・中学校の現場では、「テスト」対策として過去問題・想定問題の反復練習に励んでいるとも聞いている。本末転倒の教育とはまさにこのことであろう。現場の教師は忙しくなるばかりで、本来の授業研究の暇もなく、「生きる力」としての学力にはほど遠い、「テスト」の傾向と対策中心の教育内容の画一化やカリキュラムの硬直化が進むことで、学校観や学力観の貧困化も懸念されている。

「学び」の教育というよりは、「点数至上主義」教育によって、学校行事などはますます縮小化され、子どもたちにとって魅力ある楽しい学校づくりどころか、子どもの個性・人間性までが萎縮しかけているとも言えよう。現場の教師と子どもたちは、「テスト」対策で高まるプレッシャーによってますます追い詰められ、学校はストレスで充満し、いじめや暴力行為、「不登校」はいつ起きても不思議ではない状況と言っても過言ではないだろう。

２０１８年10月に文科省が発表した「問題行動・不登校調査」によれば、２０１７年度に公立の小・中・高校生が起こした暴力行為は、前年度より３８８１件増加して、６万３３２５件となっている。２００９年度６万０９１５件のピーク時を超えて過去最多の数である。

また、いじめの件数も、２０００年度の３万０９１８件から減少し続けていたが、２００６年度は国立・私立校が加わったことから12万４８９８件となって、前年度２万０１４３件の約６倍という急激な増加に転じ、以後は漸減しながら約７万件台に収束していた。しかし、２０１２年度にはいじめの定義が拡大されたことからも19万８１０９件と再び急増し始め、２０１７年度には、小・中・高校に特別支援学校を含めて、前年度よりさらに９万１２３５件も増加して、41万４３７８件となって過去最多を再び更新している。

また、年間30日以上欠席して「不登校」とされた小・中学生も、２００１年度のピーク時13万８７２２人から年々漸減し続けてはいたが、２０１３年度から再び増加に転じ始め、２０１７年度は、前年度より１万３４８人も増加して、14万４０３１人となっている。この間、生徒の絶対数が約１５０万人以上も減少しているにもかかわらず、「不登校」生徒の数も、暴力行為と同様に、ピーク時を超えて過去最多となっている。保健室登校の生徒や適応指導教室への通学生徒は、「不登校」の数には入っておらず、むしろその実体は、どんどん深刻化しているのが現実と言えよう。

近年、子ども・生徒の自殺が後を絶たず、大きな社会問題にもなっているが、その数は、２０００年度の１４７人以来10年間、１５０人台前後での増減を繰り返していたが、２０１１年度になって２０２人と急増するようになり、２０１７年度には、前年度より26人増加し、２５０人と過去最高の数となっている。

こうした自殺の問題は、本県においても例外ではない。本県では、市教委・町教委や当事者校での事件・事故に対する不誠実な対応や調査・検証のあり方が問題視されていた。実態解明を不十分とする遺族の要請により、「いじめ防止対策審議会」の度重なる改編が行われるという失態が、2016年度だけで2件も演じられている。学校側の「いじめに対する危機意識のなさ」が厳しく指摘され、加えて、市教委・町教委側による、いじめと自殺との因果関係を明確に認めようとはしない「審議会報告書」によって、遺族がさらに傷つけられるという問題まで起こっている。

本来は、子どもたちに、確かな学力と豊かな人間的成長を保障しなければならない立場にある学校や教育委員会が、真摯に検証・総括をしようともしないのは大きな問題であり、「子どもを主人公とした学校づくり」とはほど遠い現状であると言えよう。

文科省による教育基本法「改悪」や「全国学力テスト」の実施、学校統廃合の推進、日の丸・君が代の強制、さらには道徳教育の「教科化」などの新自由主義的・強権的教育政策は、職場の「管理化」と教師の「多忙化」にもリンクし、HR実践や授業実践は思うように進まないのが実状であろう。しかし、いつの世でも、子どもの健全な成長と豊かな発達を願う父母や教師の気持ちは変わらないものである。これからの困難な時代を、不安のなかで生きねばならない子ども・青年に、どのような力をこそ育てていくべきなのか、真の「生きる力」を育てる「学び」の教育をどうつくっていくのかが、いま大きな課題として突きつけられているように思うのである。

最後になりましたが、本書を出版するにあたって、いろいろ相談にのってくださり、丁寧な助言と励ましをいただいた合同フォレストの山中洋二さんをはじめとする編集部のみなさんに心からの感謝を申し上げげ、お礼の言葉といたします。

２０１９年1月

後藤竹夫

著者プロフィール

後藤 竹夫（ごとう・たけお）

1948 年青森県生まれ
1971 年 3 月大正大学文学部米英文学科卒業
1973 年 4 月～ 2008 年 3 月青森県立高等学校教諭
元青森県高等学校・障害児学校教職員組合教文部長
現同教組賛助会員
　浄土宗教師

組　版　高橋 文也
装　幀　株式会社クリエイティブ・コンセプト

学校とは「自己」を実現する「舞台」
―― 子どもを主人公とした学校づくりを

2019年4月15日　第1刷発行

著　者　後藤 竹夫
発行者　山中 洋二

発行所　合同フォレスト株式会社
郵便番号 101-0051
東京都千代田区神田神保町 1-44
電話 03（3291）5200　FAX 03（3294）3509
振替 00170-4-324578
ホームページ http://www.godo-shuppan.co.jp/forest

発　売　合同出版株式会社
郵便番号 101-0051
東京都千代田区神田神保町 1-44
電話 03（3294）3506　FAX 03（3294）3509

印刷・製本　新灯印刷株式会社

■落丁・乱丁の際はお取り換えいたします。

ISBN 978-4-7726-6133-1　NDC370　188 × 130